THE LEARNING IMPERATIVE
Raising Performance In Organisations
By Improving Learning

有效学习与组织绩效

【英】马克·伯恩斯　　安迪·格里菲斯　/著　　张梦溪　许赐安 /译
　　（Mark Burns）　（Andy Griffith）

中华工商联合出版社

图书在版编目（CIP）数据

认知本性：有效学习与组织绩效 /（英）马克·伯恩斯，（英）安迪·格里菲斯著；张梦溪，许赐安译. --北京：中华工商联合出版社，2021.1
　　ISBN 978-7-5158-2990-6

Ⅰ. ①认… Ⅱ. ①马… ②安… ③张… ④许… Ⅲ. ①企业管理－组织管理学 Ⅳ. ①F272.9

中国版本图书馆 CIP 数据核字（2021）第 090789 号

© Mark Burns and Andy Griffith 2018
This translation of *The Learning Imperative: Raising performance in organisations by improving learning* is published by arrangement with Crown House Publishing Limited.
All Rights Reserved.

The simplified Chinese translation rights arranged through Rightol Media（本书中文简体版权经由锐拓传媒取得 Email:copyright@rightol.com）

北京市版权局著作权合同登记号：图字 01-2021-0722 号

认知本性：有效学习与组织绩效

作　　者：	［英］马克·伯恩斯（Mark Burns）　安迪·格里菲斯（Andy Griffith）
译　　者：	张梦溪　许赐安
出 品 人：	李　梁
责任编辑：	于建廷　臧赞杰
装帧设计：	周　源
责任审读：	傅德华
责任印制：	迈致红
出版发行：	中华工商联合出版社有限责任公司
印　　刷：	三河市宏盛印务有限公司
版　　次：	2021 年 8 月第 1 版
印　　次：	2021 年 8 月第 1 次印刷
开　　本：	710mm × 1000 mm　1/16
字　　数：	200 千字
印　　张：	14
书　　号：	ISBN 978-7-5158-2990-6
定　　价：	58.00 元

服务热线：010-58301130-0（前台）
销售热线：010-58301132（发行部）
　　　　　010-58302977（网络部）
　　　　　010-58302837（馆配部、新媒体部）
　　　　　010-58302813（团购部）
地址邮编：北京市西城区西环广场 A 座
　　　　　19-20 层，100044
Http：//www.chgslcbs.cn
投稿热线：010-58302907（总编室）
投稿邮箱：1621239583@qq.com

工商联版图书
版权所有　盗版必究

凡本社图书出现印装质量问题，请与印务部联系。
联系电话：010-58302915

《认知本性》是一本知识性和趣味性兼具的读物,是永不过时的经典。对于那些对渐进式管理感兴趣的人来说,这本书应该始终被放在书架上。马克和安迪用深刻而现实的写作方法展现了我们工作的核心——他们提醒了我们,学习对于任何组织机构都是重要的。

史蒂夫·佩格拉姆(Steve Pegram)
巴德尔娱乐(Bardel Entertainment)首席运营官

建立一个学习型的组织并不容易。正因为这样,《认知本性》应该是所有领导者必读的书。作者们通过深刻和实用的策略,分析了如何提高学习水平和在团队中达成明确共识的能力,并自始至终对此辅以了发人深省的提问。

本书同时还认识到了未来会发生的诸多挑战,任何组织的绩效提高都无法发生在一夜之间。但是如果你毫无作为,绩效提高这件事就绝不可能发生!那么就从现在开始,把《认知本性》当作你不可或缺的行动指南吧。

斯图尔特·艾伦(Stuart Allen)
迈尔十字小学(Mile Cross Primary School)校长

我通常对商业书籍并不感兴趣,因为它们对我来说过于学术化了;然而，我却出乎意料地喜欢翻看《认知本性》这本书，并愿意遵循它提出的一些建议。

我发现人们已经意识到了一些事件和问题会阻碍团队和组织的学习和成长，它们都来自现实生活及工作环境相关的典型内容或个案研究。这些案例分析真的让人受益匪浅，因为它们能促使人们思考如何以不同的方式看待和处理问题，同时它们又让作者们所提供的工具和技术更容易被读者理解、记忆和运用。

总的来说，《认知本性》这本书切实可用、结构完善、充满见地，它绝对是我将会反复翻阅并用于参考的一本书。

马丁·赖利（Martin Riley）

梅德韦社区医疗中心（Medway Community Healthcare CIC）总经理

《认知本性》这本书简单实用、通俗易懂、引人深思，它将趣闻轶事和案例实证相结合，表明了作者们在学习和个人发展领域中具有深厚的经验。

它会帮助所有的领导者在他们带领团队时取得最大的收获，与此同时，它也将使学习变得愉快和有趣。

迈克·麦克纳（Mike McKenna）

希尔·迪克金森律师事务所（Hill Dickinson LLP）律师兼合伙人

《认知本性》一书强调了在工作中不断学习的重要性，并为建立积极的学习文化提供了精细实用的指南。

本书有两大特色：大量易于消化的学术内容，简单易懂的写作风格。书中引用的真实案例提供了丰富的信息，它们能够促进读者进行反思和深入理解。每一章的内容架构也很棒，从主题概述开始，到简明地对各种信息娓娓道来，最后以行动要点收尾。这样重点信息就能印刻在读者的脑海里。

如果你真的想通过在工作中的学习提高绩效水平，你一定能从《认知本性》这本书中找到实现这一目标的关键策略。

卢克·费希尔（Luke Fisher）

Steribottle 有限公司首席执行官

领导者的职责在于，他们要找寻新方法来鼓舞团队、激励员工和引领工作。《认知本性》以简明周到的方式提醒领导者，他们要了解自己对学习和发展的态度，并反思如何才能更高效地引领团队。

这本书清楚地说明了为什么学习和进步是必要的，阐明了如何帮助未来的领导者进步，同时还提供了非常有用的协助学习的分步指导。我特别喜欢每一章的清晰结构，作者在其中加入了和内容相关的有趣轶事，以及能阐明关键经验教训的案例分析。作者还在每一部分的结尾设置了思考提示，它们能对读者当下的观念提出挑战，并对重要的观点进行再次强调。

作为一个发展迅速的集团公司的一名高层管理人员，我看到过许多关于学习与发展为什么会失败和怎么失败的真实例子。在这个问题上，马克和安迪以有趣的方式捕捉到了培训设计不当所留下的隐患，以及对学习项目认真研究和计划后有效实施的方式。他们在编写《认知本性》一书时，将其打造成了一本知识性的实用指南。它展示了如何实施成功的学习计划，这将有助于让你的收益最大化。

马克·内文（Mark Nevin）

波特曼旅游集团（Portman Travel Group）首席财务官

《认知本性》对学习和发展领域中的理论和实践做了精彩而广泛的总结，

以令人信服的方式讲述了如何通过学习来提高公司绩效。我已经记住了书中的许多关键理念，我将会把它们运用到我的实际工作中。

马特·库尔斯（Matt Cuhls）

再保险集团（ReAssure Group）首席执行官

马克在几年前给我们公司做过一些咨询。他提出的理念给了我们很大启发，也彻底改变了我学习设计的方法。他把当时和之后的所有想法放在了《认知本性》这本书中。

本书包含了有关如何通过有效学习来提高绩效的实践指导，通过对实际案例的研究、问题与反思以及辅助资料将这一话题与现实相结合。此外，作者分享的策略也非常简单明了、易于执行。你可能很难想象如果自己没有这些方法该怎么办。

无论你是一位管理者、领导者、培训者还是教师，《认知本性》这本书都将为你提供大量自我反思和成长的机会，这段学习之旅将把你带到哪里你可以拭目以待。

凯瑟琳·布莱克本（Catherine Blackburn）

耐斯特公司（Next plc）北区学习与发展主管

《认知本性》这本书适用于想激励自己团队成长和提高工作绩效的每一个人。作者非常清楚地指出了学习是这一过程的核心——如果你能以正确的方式学习，其他的收获都将随之而来。但他们也承认，这并不一定是一个简单（或直接）的过程。当遇到困难的时候，我们难道没有问过这样的问题吗——有没有人跟我们境地相同？是不是其他人觉得这是一件很容易的事，只有我们步履维艰？《认知本性》将帮助你直面这类问题。本书的一个假设前提是，在一个工作高效的团队里，成员们必须具有"愿意学习的心态"，并且这会让你思考该如何培养和维持这种心态。

如果你愿意反思，并且能诚实地面对自己，这本书将会为你带来最好的效果。你现在是什么状态？你想要达到什么目标？你将如何实现这些目标？反思并不一定是一个简单的过程，有时它也会变得深刻而犀利！但作者会通过一系列真实的例子来指导你完成整个反思过程，这些例子能帮助你理解和运用所学的知识，鼓励你思考自己做事的原因和方式、如何成功做出改变，以及如何帮助其他人学习。

《认知本性》也是一本具有人文关怀的读物。作者在书中承认，在人们的工作之外还有自己的生活，每个领导者、每个人所处的团队以及生活背景都不尽相同。这本书希望你能对自己的工作进行一些思考，但绝不会要求你把所有的空闲时间都花在工作上！

妮基·凯泽博士（Dr Niki Kaiser）

圣母高中（Notre Dame High School）诺里奇研究学校网络研究主管

The Learning Imperative 序言

我是一个学习狂。我喜欢发现新事物带来的快感，喜欢学习新东西的挑战。

我的妻子对我与日俱增的业余爱好感到"绝望"——跑步、骑行、自行车山地越野、帆船、摄影、皮划艇，等等。随着我的爱好越来越多，我们家的车库里也不可避免地堆起了各种装备。

我的职业生涯似乎也遵循着类似的模式。在领导几个地理教学部门顺利通过英国教育标准局的考查后，我转行成为毕马威会计师事务所（KPMG）的一名会计师，负责企业重组的"黑魔法"。然后，我去了位列富时100指数（FTSE 100）的一家软件厂商，担任了多个职位，其中也包括一些国际性的岗位。快速了解自己的职责对于有效融入已有团队来说至关重要。目前，我正在一家行业领头羊的住房协会的执行团队里工作，致力于应对人们正面临的住房危机。

如果你是一位像我这样的学习者，在读完马克和安迪撰写的这本书后可能会恍然大悟，真正了解到批判性学习对组织成功的重要性。本书的标题"认知本性"聚焦于"学习"。当然，万事皆可学习，但千万不要被学习所愚弄：这本书不仅涉及"学习"，还讲述了如何进行团队运作，如何引领和创造文化，以使任何部门都能获得杰出的成果。总的来说，这是一本关于"高绩效"的书。我在阅读的时候想起了曾经在英国皇家空军"红箭"飞行表演队（Red Arrows）训练的时光。如何才能建立和维护一支能够以每小时几百千米的速度进行特技飞行表演的世界一流团队？其关注重点一定是能帮助个人和团队共同进步的技术和方法。

多年来，我所领悟到的是，在关注系统、科技和投资之前，我们首先应该关注到"人"。只有了解了人们的工作技能和能力，将他们分配到合适的任务中，才能获得丰硕成果。但仅仅做到这些，你可能连领导能力的一半乐趣都没有享受到。拥有领导能力的真正乐趣在于发现人才和机会，帮助人才成长和输送人才。

没有什么比目睹员工获得发展、晋升到更高的职位抑或承担更大的项目，以你未曾想到的方式取得卓越成就，更加令人激动了——所有这一切都是因为你付出了时间、能力帮助他们学习并释放出他们自身的潜能。

见证他人进步是一种十分美妙的体验，如果你把相同的想法和精力应用到整个团队、部门或者企业中，将会怎么样？如果你将学习的观念应用到组织机构的文化中，又会怎样呢？如果每个人都能取得显著的个人发展，又会产生怎样的结果呢？在本书中，马克和安迪提供了能帮助你在组织中培养积极学习文化的工具和方法，这对于任何人来说都是无价之宝。

马特·福里斯特（Matt Forrest）
Home Group 业务发展执行总监

The Learning Imperative 导言

这是一本关于如何在组织中形成高质量学习能力的读物——学习可以提高工作绩效、增加工作动力、推动个人成长。以这个主题写一本书的想法已经在我们心中萌芽好久了，但一次偶然的清晨茶歇才促使我们将其付诸实践。与我们交谈的是一群曾经合作共事的中层管理者。他们是一个富有激情的团队，但他们组织的绩效表现令他们感到步履维艰。

在享用咖啡的时候，其中一个人探过身子，低语道："是不是其他地方也像我们这里一样糟糕？我的意思是，在面临持续的变化和递增的压力时，一个组织如何才能茁壮成长呢？"

我们停下来思索该如何回答他的问题。不可否认，这个团队承受了巨大的外部压力，他们存在如此问题情有可原。但是在过去的两周时间里，我们和两个有着非常相似境遇的组织一起工作，尽管面临同样压力，但它们却获得了蓬勃发展。我们正在考虑如何回答才能不让对方尴尬。我们的犹豫和面部表情出卖了我们。在了解了情况后，他们很好奇："我们无计可施。他们的做法有什么不同吗？我还以为所有公司都会面临差不多的情况。"

本书就在试图回答这个问题："他们做的到底有什么不同？"我们相信，那些想要了解是否存在更好工作方式的人，都会很想知道这个问题的答案。

在过去十年里，我们与世界各地的许多组织保持着紧密的合作。我们的首要任务是为员工设计能帮助提升工作绩效的高质量学习方案。起初，我们的大部分合作都是直接与员工一起进行的。然而一段时间之后，我们开始越来越多地与领导者共事，帮助他们为团队制订更具影响力的学习方案。

通过这项工作，我们获得了许多关于为什么有些组织能够发展壮大而有些则不能的真知灼见。我们能够近距离地观察组织中的学习情况，因此分析出了确保有效学习的关键因素，以及滞缓学习发展的障碍。

此外，这项工作还让我们接触了热情的领导者们，他们与我们分享了他们在为提高团队学习表现时所面临的实际挑战。作为研究的一部分，我们还采访了许多在提高组织学习效果方面给我们留下过深刻印象的人。从这些访谈中，我们收集到一系列的个案和实例，并将它们应用到实际工作中。

我们清楚地意识到了现代组织中领导者工作所面临的巨大压力。这似乎是政府部门、企业和第三方机构的共同点。因此，为了给你一本简明扼要、清晰实用的手册，我们努力将理论和学术性的参考资料减少到了最低限度。而对于那些想要进一步探索的人来说，在每一章节的末尾都有一些问题与思考。

如何使用本书

我们将本书分成了三个部分，用以在帮助团队制订具有高影响力的学习方案时提供循序渐进的指导。

第一部分

第一章阐述了为什么创建和维护一个学习型团队需要成为每个领导者工作议程中高度优先的事项。本章旨在帮助你理解为什么学习是任何团队或组织长远发展成功的核心。

第二章探讨了建立学习型团队的第一步。这一章提供了一个易于使用的框架结构，它能帮助你准确地定位团队的起点，以及确定需要达成的学习目标——向愿意学习和高绩效表现的位置靠近。使用这个框架结构，可以确保学习的安排能针对团队中每个人特定的发展需求。

第二部分

第二部分的章节旨在帮助你在团队中建立或维持开放学习的心态。这是通过建立三个关键性的基础来实现的：处理信息的能力、强大的关系信任和准确的自我认知。这些基础促进了那些习惯于反思、好奇和接受反馈的成员的个人发展。为了完成这整个过程，本书提供了对拒绝学习心态进行诊断的工具，给出了旨在确保团队建立积极学习文化的策略。

第三部分

本书的最后一个部分提供了为他人设计和引导有效学习项目的分步指南。无论你是打算规划一小时的训练课程还是更长时间的多个课程项目，这个部分都能帮助你来保证团队所参加的学习项目是具有吸引力和适当挑战性的，而且最重要的是，这些学习项目能够提高团队成员的工作绩效表现。

无论你是一位经验丰富的领导者，还是刚刚开始担任领导者的职务，我们都相信这本实用的实践手册将为你提供有用的想法和灵感，帮助你提高团队的参与度，并对他们自身的学习产生有力影响。这种学习不仅仅能让你的团队得到持续发展，满足未来所需，而且能使每一个同事都感受到被重视。这就是我们所倡导的"认知本性"。

目录

THE LEARNING
Raising IMPERATIVE
PERFORMANCE
IN ORGANISATIONS
BY IMPROVING LEARNING

第一部分
变：学习解决一切团队问题

- 003 **第一章　学习的重要性**
- 004 　本章节中包含了什么？
- 004 　我们所说的"学习型团队"是什么意思？
- 005 　学习是在什么情况下发生的？
- 006 　为什么说学习型团队至关重要而不是聊胜于无？
- 007 　提高工作质量
- 009 　抱持人人皆可学习和成长的信念
- 010 　学习动机是"粘合剂"
- 011 　培养好奇心
- 012 　我们愿意投入学习中，不是吗？
- 018 　总结

- 020 **第二章　学习—绩效模型**
- 020 　本章节中包含了什么？

021　设计不当的学习方式有什么潜在影响？

023　预备，瞄准，开火：建立一个连贯学习计划的重要性

023　我们现在置身何处？

024　高绩效者—低绩效者

030　愿意学习—拒绝学习

032　人的自我——学习的刹车踏板

033　你的团队起点是什么？

037　下一步是什么？

第二部分
破：三击粉碎学习障碍

048　**第三章　超负荷运转**

049　本章节中包含了什么？

049　我们所说的超负荷运转是什么？

050　为什么超负荷运转会成为学习的阻碍？

051　超负荷运转的主要成因是什么？

057　减轻超负荷运转的策略

074　**第四章　低关系信任**

075　本章节中包含了什么？

076　我们所说的关系型信任是什么？

077　为什么低关系信任会成为学习的障碍？

080　对他人的高度个体尊重

087　对他人的高度职业尊重

092　领导力榜样的重要性

- 098　第五章　认知偏差
- 099　此章节中包含了什么？
- 099　认知偏差的类型
- 101　认知偏差1：高估工作表现
- 102　认知偏差2：高估学习开放性
- 106　认知偏差3：低估工作表现
- 107　认知偏差4：对潜力的低估
- 111　缩小认知偏差的策略
- 112　自我反馈
- 122　他人反馈
- 131　树立REFRESH的榜样

第三部分
立：设计有效的学习方案

- 140　第六章　反向计划
- 140　此章节中包含了什么？
- 141　"反向计划"是什么意思？
- 142　第一步：定义KASH目标
- 147　第二步：确定学习者的KASH基础

- 159　第七章　建立明确的共识
- 160　此章节中包含了什么？
- 160　"明确的共识"是什么意思？
- 163　"我—我们—你"三阶段模型
- 165　学习的第一阶段："我"
- 174　学习的第二阶段："我们"

- 181 **第八章　学习的最后阶段："你"**
- 181 尝试"多做一点"
- 182 此章节中包含了什么？
- 183 为什么"你"这一阶段如此重要？
- 192 让"你"这一阶段更有效的 KASH 因素
- 195 学习永远不会太晚

- 197 **结论**
- 199 **附录一　反馈调查**
- 203 **附录二　学习项目计划表**
- 205 **致谢**

第一部分
变：学习解决一切团队问题

THE LEARNING IMPERATIVE

Raising performance in organisations by improving learning

第一章
学习的重要性

11点7分,我们乘坐的列车驶离了利物浦火车站,坐在我(马克)和我6岁的女儿鲁比对面的,是一位商业街连锁零售品牌的门店经理(这是我们根据她面前的文件做出的判断)。她一直在打电话。从她的言谈中可以看出,她似乎刚刚在公司总部参加了一场重要会议。随着她不断接起一个又一个电话,我们能明显觉察到她对同事们越发失望。在她看来,同事的工作失职给了她很大的挫败感。

鲁比是个好奇的女孩儿,这可能让她在将来的某一天从事保密工作,那些秘密能满足她的好奇心。她兴致勃勃地旁听了所有对话,并且对偷听到的一系列新词汇很感兴趣。当列车慢慢在伊普斯威奇火车站停下,这位心事重重的经理才突然惊觉自己已经抵达了目的地。她一跃而起,抓起自己的行李,慌忙地下了车。我的小旅伴一言不发地注视着发生的一切。然后她转向我,露出一副疑惑的面孔。我知道,她要开始发问了。

"她为什么不直接教他们呢?"

"教他们什么?"我反问道。

"教他们如何正确地完成自己的工作。这样她就会少生一点气了。"

很明显,这位门店经理的工作团队里存在着学习代沟。但是,是谁出了问题呢？

- 你是否思考过，为什么让团队参与学习是一件困难的事情？
- 在不断发现和解决团队中的问题时，你是否会偶尔感到筋疲力尽？
- 你是否发现自己把"团队成长"列入了待办事项，却永远也完不成它？

本章节中包含了什么？

本章将会首先探讨，为什么学习是所有团队和组织获得未来成功的关键和基础的一环。在知道学习的必要性后，我们会继续探索学习未能获得应有重视的普遍原因。在这整个过程中，我们还会为你提供反思自己团队和组织的机会，并思考团队持久成长和深远发展的重要性。

我们所说的"学习型团队"是什么意思？

我们在本书中定义的"团队"，是指你能够直接领导的一群人，抑或你能直接或间接施加影响力的一群人。它可能是一个由两三个人组成的小团队；如果你是一位董事长，你带领的团队也可能是成千上万人。

作为本书的作者，我们对读者的假设是，你们会对学习给团队和组织带来的价值感到好奇，并且正在寻找清晰可行的策略，以帮助发展和提升学习成长的效率和持续性。

我们会用实际生活中的案例贯穿本书。我们会引用一些曾经合作过的个人、团队、组织的案例来说明我们所倡导的原则和策略。我们的案例涵盖了许多拥有不同地理、文化背景的团队。这其中有些团队已经将学习和发展嵌入了自己的基因，有些团队则还没有形成学习的习惯。有些团队和团队领导认为他们能不断加强员工的学习积极性，最终却发现他们的努力毫无作用。

根据我们的经验，我们认为一个"学习型团队"是由热衷于共同学习的个体组成的。毕竟，从古到今，人类的发展是通过人们的合作、分享学习和在逆境中不断抗争，努力探索新的想法、新的视角、新的可能性。我们思考的是，如何将这种协作能力集中于确保你的团队和组织在未来的持续增长和发展。

学习是在什么情况下发生的？

学习在组织中以多种方式进行着。在某些场合下，它是以正式的课程项目出现的。然而更多的时候，它会在不太正式的情境下呈现，比如在职经验的累积。在这种情况下，人们会试图逐渐掌握自己的工作职责，从错误中吸取教训，从他们实践的反馈中得到成长。人们还可以通过与同事、伙伴一起参与各种各样的活动来学习，包括社交学习、单独辅导、传道解惑、合作学习和其他方式的互动学习。这本书将帮助你尽可能地在每种情况下都发现学习的最大机会。

学习存在不同的形式。我们找到了一个能够实现深度学习的最有效的模型——KASH模型。它代表着个人在团队中知识（Knowledge）、态度（Attitude）、技能（Skill）和习惯（Habit）四个方面的不断发展，它们有助于个体和集体绩效的提高。虽然保罗·基施纳（Paul Krischner）、约翰·斯威勒（John Sweller）和理查德·克拉克（Richard Clark）将学习定义为"长期记忆的改变"，但在工作场所中，学习产生的结果更多的是让知识、态度、技能和习惯能轻松地被记忆提取，并运用到实践中。

对KASH的追求也提醒了我们，这本书讲述的不仅仅是怎样为团队设计有效的学习，尽管我们会在第三部分说明这一点，但这本书远远不止于对它的探索。我们的核心目的是帮助你营造一个适合强大的学习团队发展的环境，这样它们就可以通过内在驱动不断成长，且富有活力。

知识	态度
技能	习惯

为什么说学习型团队至关重要而不是聊胜于无？

当我们在领导的办公室一起回顾过去三年的诡谲变化时，他跟我们说："各位，我们经历了十分有趣的三年。现在，我们有希望在已经创造的改变中暂时定格，休憩一段时间。"仅仅两周之后，我们收到了领导的邮件，"话说得太早了。"他说，"就在刚刚，总部确认削减了我们一项为期三年的项目百分之十的预算。我们不得不再次回到不确定的变化中了。"

无论是公共部门、私人部门，还是第三部门，其中的组织都在经历着前所未有的改变。科技革新的进步、经济全球化进程的加快、金融暴跌的后遗症和人口结构改变的影响，无论是什么导致了组织的变化，这都预示着平静似水的状态对于大多数人来说都只是一个模糊而遥远的记忆了。

在寻求自身改变的同时，组织的变化还受到了其用户日益增长的多元化选择需求的驱动（这里的用户不只限于花钱购买服务的消费者）。记得在20

世纪 70 年代，我们风华正茂的时候，那时我们的选择有很大的局限。美国的一项研究发现，在 20 世纪 70 年代，平均每家超市贮存的货品种类大概是 9000 种。时至今日，这个数字已经接近 40000 了。如果你对于这个数字心存疑虑，不妨去当地的超市走上一圈。你会发现，早餐谷物类商品陈列架的过道可能有 20 米长！

现如今，组织比以往任何时候都更迫切地需要发展一个具有快速适应能力的学习团队。毕竟，在目前的这些变化中，机会与危机并存。如果我们不能从中汲取些什么，我们的团队和组织又如何能在这个动荡的时代中探寻生存的希望，甚至蓬勃发展呢？

思考与提问

过去的五年里，你身处的行业中主要的变化趋势是什么？

你是否同意，在自己所在的行业中，发展和变化正在加剧？

行业的变化速度对你和你的团队产生了什么样的影响？

在过去的五年里，你所在的组织经历了怎样的改变？

以上的这些改变如何影响了你的团队的行为和工作？

有哪些工作岗位已经改变或者消失了？

提高工作质量

近些年，人们为"边际收益"（marginal gains）这个流行术语赋予了传奇般的地位。它本来只是一个某些体育和工业领域的团队在思考和处理问题时采用的方法，他们试图建立一种学习的文化态度——不懈地致力于提升质量和性能。这个术语在媒体的传播下名声大噪，于是它也开始悄无声息地频繁出现在领导者为团队做的报告中。

但事实上，这种思想体系在20世纪50年代就已经存在并得到了广泛使用。当时日本汽车制造商丰田（Toyota）研发了这个著名的以学习为中心的改善方法。这种工作方法直接缔造了丰田享誉全球的声誉，象征着他们生产的是最高质量的汽车，并且其产品缺陷少于任何竞争对手。事实上，这样的方法影响甚广，采用相似战略的不只有其他的汽车制造厂商，还有其他行业领域的许多公司。

丰田的学习方法体现了两个关键原则——持续改进（kaizen）和持续反思（hansei）。其中持续改进的构筑根基来自丰田"五个为什么"的分析模型。当有任何问题涌现出来时，连问五次"为什么"能够让团队有条不紊地厘清问题的深层次和系统性原因，进而得到更加行之有效的解决办法。在这种方法中，"问题和错误被视为学习的机会"，同时，"学习将是一个在全公司范围内实现进步的过程"。彼得·森奇（Peter Senge）在系统思考中有着开拓性的工作成就，他指出，在这种方法论的指导下，"人们会持续充实自身能力，创造出更好的结果"。森奇的工作使我们不禁要提出一个至关重要的问题：除非团队养成强大的学习习惯，否则你怎样才能确保他们能致力于持续地提高组织服务或产品的质量？

在过去的五十年里，丰田在全球呈现的惊人增长步伐加深了人们对学习必要性的关注。2000年末，由于丰田汽车存在安全隐患，该公司召回了超过166万辆在美国销售的汽车，这让丰田经历了一场空前且代价高昂的危机。危机之初迟缓的回应加剧了它的负面公众形象。集团总裁丰田章男（Akio Toyoda）后来也承认，丰田将公司的业绩增长优先放在了维护企业文化之上。

这次的遭遇让丰田重新对公司内部进行了审视，并回归到了它的初心，分析从挫折中学习到的东西并对此进行新的实践。

在竞争激烈、变幻莫测的时代，提高品质才是王道。这对维持现有客户的忠诚度和吸引新客户来说，都是绝对必要的。

抱持人人皆可学习和成长的信念

重要的不仅仅是团队创造的产品和服务的质量。我们访问过的许多领导者都指出了他们衡量团队发展时重视的另一个长期结果指标。其中有一位即将离任退休的校长，当她被问及工作生涯中留下的最大遗产是什么时，她的答案令我们感到讶异。她没有谈她领导学校发生了怎样的持续性转变，反之，她列出了一份前教职员工的名单，告诉我们这些人如今已经在其他地方成为十分成功的领导者，并且把持续学习的优良传统带到了他们的团队中："这是我最大的成就，我引领各个学校领导者开展生生不息的'学习运动'，我对此感到非常自豪。"

动机理论研究者亚伯拉罕·马斯洛（Abraham Maslow）和弗雷德里克·赫茨伯格（Frederick Herzberg）指出了个体价值的重要性，他们认为每个人都有成长和发展的机会。杰克·曾格（Jack Zenger）和约瑟夫·福尔克曼（Joseph Folkman）在他们的研究中发现，"公司管理者关注对员工的培养有两方面积极影响，一方面可以提高工作效率，另一方面能创造一种有趣和愉快的文化氛围。还能吸引更多人想到这里工作"。

除非你的团队形成一种学习文化，否则你如何才能有效地激励并吸引团队成员？

学习动机是"粘合剂"

团队的学习过程和输出结果，是提升团队效率的关键。一位我们采访过的领导者就把学习过程描述为："增加团队凝聚力的粘合剂，它能让我的队伍更加团结，富有韧性。"通过学习，他得到的是一种可以将人们联结在一起的力量，这就是在有效的学习过程中其自身所能发挥的一部分作用。

学习也不都是信手拈来的。它偶尔会将学习者放逐在困难和挫折的境遇里。在我们曾经为提高教师个人综合素质而展开的工作中，我们经常发现，当教师单独工作时，提高他们的表现会比在集体工作时困难得多。而且，即使他们有所改变，也很难维持住这些已经有改善的地方。

相似的情况发生在我们和运动教练的合作中，这次经历同样证实了当学习发生在群体和社会活动中时，似乎更加富有成效。这很可能是因为，与他人一起学习自然而然地提供了交流和对话的机会。其中的一些对话侧重于提供精神支持，毕竟学习之路有时布满荆棘。但是，对话、交流最大的意义在于能通过分享创造新事物。这种对话或许会采用提问、故事或者举例的形式，帮助一起合作学习的人们理解新知识。与此同时，对话的存在为每一位团体成员提供了宝贵的反馈，使他们能够了解自己需要如何提升、改变和前进。

学习文化产生的一个宝贵也可能是间接的成果，就是它满足了人类对有意义的社会互动的渴望，这使许许多多的个体感受到了自己的价值。对某些员工来说，这可能是能激励他们的举足轻重的部分。我们曾接触过的一位领导者评价道："自从我的团队开始学习以来，我感受到的是一个更友好、更合群的团队。他们是真的想要花时间和他人在一起学习交流。我的一位同事

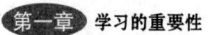

告诉我,他们越来越期待周一早上了,因为他们可以感受到他们的思维工作在同一个频道。"

培养好奇心

在星期二下午的团队会议上,我们对正在发生的事情感到讶异。每位成员都会轮流坐上"述职人"的位置,每位坐上去的"述职人"必须向团队里的其他成员阐述自己负责领域的最新情况。包括团队领导在内的其他人则扮演询问者的角色,对相关问题进行提问和核实。这个方式考验了"述职人",他们必须详尽地阐明自己的想法,并且需要在处理问题时更加深谋远虑。

尽管这的确是一个十分具有挑战性的练习,毕竟没有人愿意被不断问询,但在这个过程中,很明显团队内部的关系不会因此受到影响。在这个会议程序之后,团队的领导者告诉我们,这个新奇且必需的学习社群并不是从他上一份工作中继承下来的:"我必须努力让他们意识到,这个会议的核心是为了检验和调整我们团队现有的思想,从而不断产生新的观点和思想。会议不适合沉默端坐,通过这种方式他们现在收获颇丰。对于一个善学的团队,因为我们变得更加勤学好问,要求也越来越高,所以我们能不断做出更好的决策。"

在本书稍后的篇幅中,我们将会探索一些工具,它们可以将你们的会议从了然无趣的信息交换垃圾场转变为能够发现新的方向和可能性的机会。我们会利用一些开创性的方法,诸如"预先检验"(Pre-mortems),以建立一种更开放的学习文化。

我们愿意投入学习中，不是吗？

诚然，每个领导者都希望他们的团队能致力于改进自己的工作，希望他们能不断提升工作水平，期待他们能更好地应对未来的不确定性，以及产出更优质的成果，这样他们就不必因为工作表现不佳而进行不愉快的谈话。是这样吗？毫无疑问，学习能达到这一目的，势在必行。

好吧，不管领导者的期许是否如此，我们共事过的许多领导者切实地把团队的学习和发展摆在了他们言行的核心位置。学习就如同海边岩石上的字母一样镌刻在他们的行动中。当我们与这些领导者相处后会发现，他们和他们的团队每天都在学习，即使当领导者不在团队中的时候，学习也从未停止。学习在这些组织中已经逐渐变成了一种普遍存在的习惯。

另一批我们合作过的领导者则认为，学习和发展并不是必要的。事实上，学习并不在他们的考虑之内。通过观察和聆听了无数个人、团队的言语之后，我们发现这通常是由以下五种原因之一引起的。

当你在阅读下面的原因分析的时候，我们希望你能诚实地用"我完全是这样的""我有时是这样的""我根本不是这样的"三个选项来衡量和评价自己。

1. 我没有时间学习

有一些领导者认为，一旦解决了正在面临的短期问题，他们就会开始学习。但问题会随着时间的推移而持续，在我们意识到要学习之前，短期问题演变成了中期忧虑，之后中期忧虑形成了长期困扰。我们曾共事过的一位领导者就是这种拖延症的典型代表。在我们与他的第一次会议中，他就得出了结论——他需要提高团队学习的质量。他说："这是我们的唯一选择，我保

证会做到这一点。"但几个月后,当我们再次见面时,他的举止就像是一个在暴饮暴食一周后出现在瘦身中心的减肥者。"我知道,我懂的。"他怒吼道,"我是说过我们会改变的,但我们真的太忙了!"

当然,时间是一个说得通的限制因素。可是由于缺乏训练导致的员工的业务能力低下意味着,领导者需要经常耗费大量时间对员工进行事无巨细的管理。相较于稳定发展团队内部的能力,使员工的技艺更加精进、表现更加出色,细节管理者每天都在处理日常而基础的烦琐小事。因此,在以微观管理为准则的团队中,尽管领导者付出了夜以继日、艰苦卓著的努力,他们的业绩还是不如那些能够持续学习的团队。而且,对团队进行无微不至的管理,还可能导致员工士气低落。

虽然单方向的、以权力为基础的管理能够让人紧张起来,且相比于用互相协作的方式培养一个缓慢成长、渐进式发展的学习团队对管理者来说更具诱惑力,但是智慧和经验告诉我们,还是应该遵循一句古老的格言:"磨刀不误砍柴工。"

我完全是这样的　　　　　我有时是这样的　　　　　我根本不是这样的

思考与提问

你是否发现自己在处理团队中某个成员的业务问题上耗费了太多时间?

你是否曾因为对团队成员缺乏信任而放弃向他们安排任务?

如果你的团队已经具备了学习的品质和承担重大责任的能力,如果你不再需要细致入微地管理团队,你的一天会是什么样子?

2. 只处理结果，不解决原因

第二个原因在一定程度上与缺乏时间观念以及微观管理有关，这部分人会过度强调对结果的关注，却不注重问题产生的原因。几年前，我们在伦敦与一群相对缺乏经验的中层领导者合作。我们要求他们以小组讨论的形式，分析他们带领团队时如何处理迎面而来的棘手问题。诸如此类的问题就好比鞋子里有一块小石子儿，让他们感到不适。在要求他们指出这些问题带来的结果后，我们要求他们分析问题产生的可能原因。没多久，他们就在两者间建立了一些重要的联系。"我明白了。"伊姆兰（小组成员之一）说，"我必须把注意力转移到解决问题的原因上。"

正如教育家迈克尔·富兰（Michael Fullan）所说："运用问责制比仅仅衡量结果更重要，你需要培养人们实现目标的能力。"伊姆兰意识到，他一直在追究团队中的个人责任上疲于奔命，却在对问题进行补救之后再也无动于衷。而如今，他认识到需要把精力集中在为团队创造出有效的学习机会上，这样他们就能长期提升团队的业绩表现。

我完全是这样的　　　　　我有时是这样的　　　　　我根本不是这样的

思考与提问

在你的团队中，那个像是"鞋子里的小石子儿"的问题是什么？

你觉得自己在处理问题时，关注的是结果还是原因？对两者的关注程度又存在多大的差距呢？

3. 事事如昨都还行

纳兹是一个让人记忆犹新的领导者，她孜孜不倦、精力充沛地学习，已经在自己的行业中培养出了众多领导者。她对自己所谓的"OK 诅咒"深恶痛绝，每当发现"挺好，可以"的应付工作的苗头，她就会和她的团队一起充满活力地进行反省学习。我们所观察到的一次激情碰撞就是这样开始的："我今天起床不是为了有个'还行'的一天，参与一场'凑合'的会议，抑或维持'尚可'的团队关系。我不希望我的墓碑上写的是'纳兹还不错'！"她了解安于现状的思维和甘于平庸的心态可能带来的风险。她不想让这种思想影响她的团队。这就是为什么每年她都会在团队中被评为"高质量"员工并得到晋升。

没有领导者愿意勉强接受"还行"的工作结果。得过且过的思维所面临的问题是，安于现状（OK）可能会导致他们在未来的某一个时刻被现实淘汰（KO）。这可能是因为世界处于无休止的快速变化中，谁都可能被更加雄心勃勃的竞争对手超越，又或者是当凑合文化盛行时，团队内部的学习停滞不前，个体逐渐陷入不加思考的惯性，工作只是走走过场。他们会说，我们一直以来干得都还行，我会一如既往地做好我现在做的事。得过且过的思维只会让我们忽视对改变的需求，或者让我们对眼皮子底下的问题视而不见。

我完全是这样的　　　　我有时是这样的　　　　我根本不是这样的

> **思考与提问**
>
> 你多久用一次"事情发展得都还不错"的理由,让自己进入舒适区?
>
> 安于现状的思维存在于你的团队中吗?它的影响程度有多大?

4. 如果我们对员工进行培训,他们会离职

在一个低失业率和技术人才短缺的时代,有一种理论上存在的风险是,投入时间和金钱培养人才将会导致他们离职。他们可能会被其他公司挖走,或者觉得自己值得一份职位更高、薪酬待遇更佳的新工作。在这样的情况下,谁会愿意为其他组织免费培养人才资源呢?

然而这里存在一个悖论。培养人才并不是一个"零和游戏"——不投资于学习会产生很多弊病。这一点充分体现在了我们几年前参加的一次会谈中。一位经理强烈反对在员工的学习和发展上进行投资,理由无外乎上文所提到的这些。最后,他强调道:"如果我们培养了他们,他们却又决定离职,这会导致什么结果?大家都会认为,这就是一件浪费时间和金钱的事情。"面对此情此景,片刻之后,另一个参会者冷淡地回应道:"那如果我们没有培养他们,而且他们留下来了,又会发生什么呢?"

你的团队中可能存在这样的情况:你培养出来的员工接二连三地离开了。然而,除非你负责管理的是监狱中的"终身监禁者",否则你所管理的很多人都会自然地在某个不同的时刻决定离开。基于我们的经验和研究,人们会在他们感到被重视的团队中待得更久,在那里他们会得到发展,他们会因为自己对团队产生了看得见摸得着的影响,而产生深厚切实的参与感。这种参与感的一大部分就源于学习成为他们所做的一切的核心。

我完全是这样的　　　　　我有时是这样的　　　　　我根本不是这样的

思考与提问

对员工离开的恐惧在多大程度上影响了你推动团队不断学习的意愿？

与投资在学习上的成本相比，你认为不投资于学习的益处有多大？

---

5. 江山易改，本性难移

最后是一些领导者根深蒂固的问题：他们就是拒绝学习。在他们的信念里，团队中的成员根本没有能力学习，无法达到要求的水平。

我们合作的一位领导者最终迎来了改变的曙光。她沮丧地反思道："我得出了一个沉痛的结论，那就是除非我改变心态，否则我的组织就没法在我的领导下前进。之前，我认为他们并没有能力学习——这个想法才是问题核心。"她已经发现了自证预言[①]效应的力量：我们越是消极思考的时候，就越有可能产生消极的结果。对于这位领导者而言，诚实的自我评价是她和她的团队走出困境、迈向前方重要的第一步。

消极心态之所以有如此强大的破坏力，是因为它会无形地影响我们的思

[①] 自证预言是指预言本身是假的，但它被说出来、被相信，就变成了真的。这是美国社会学家罗伯特·金·莫顿提出的一种社会心理学现象，是指人们先入为主的判断，无论其正确与否，都将或多或少地影响到人们的行为，以至于这个判断最后真的实现。通俗地说，自证预言就是我们总会在不经意间使我们自己的预言成为现实。

想以及团队成员之间的互动。它可能是一种无意识的偏见，影响着我们的所思所想和所做。正如古话所说："我们所看见的并不是事物的本质，而是我们自己的样子。"为什么有的领导者会陷入这种消极思维的循环中无法自拔？在第二部分中，我们将探讨一些因素，正是这些因素导致一些人对他人的能力产生了局限性的认知。就我们的经验来说，个体和团队都能够获得比他人期望中更大的成就。

我完全是这样的　　　　　　我有时是这样的　　　　　　我根本不是这样的

思考与提问

你在多大程度上对团队成员的学习持消极、封闭的看法？如果你真的有这样的想法，它表现在思考和行动中是怎样的？

你认为这些想法是如何形成的呢？

总结

作为领导者，我们需要决定是否应该投入时间、精力，冒着声誉风险来打造一个学习型的团队。可是我们也需要清楚地认识到，如果不这样做会有怎样的后果。无为而治、静观其变有可能会导致我们团队和个人发展以及职业晋升的机会变少。这也标志着我们拒绝了学习的可能性，和学习对社会和

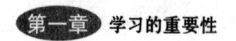

组织带来的种种好处。无论我们的决策是哪一种，都会对我们的团队、组织以及自身产生深远的影响。

彼得·布洛克（Peter Block）在他的著作《社区》中要求我们思考，自己是"可能性社群"的一员还是"问题社群"的一分子。只有身处"可能性社群"中，你才会有能力对现状施加影响，朝着光明的未来发展。这也包括创建一个更好的团队。但是，如果我们对学习文化所带来的发展可能性缺乏认识，那我们极有可能发现自己困在了当下遇到的问题中，没有能力解决它，也无法灵活应变。

设想一下，在你退休的时候，所有曾经和你共事过的人都聚在一起，谈论你曾为他们做过什么。他们可不是为了来吹捧你的，而是为了反思和你一起工作对他们的个人生活和职业生涯产生了什么影响。你希望他们说什么？

思考与提问

强有力的学习文化会给你和你的团队、组织带来什么好处？

如果你的团队拥有深厚的学习文化，这会对你的客户以及他们与你的团队共事的过程产生怎样的影响？

投入时间学习是否利大于弊？

忽视学习会对你的团队未来的成功带来怎样的风险？

第二章

学习—绩效模型

"请你告诉我,我应该往哪条路走?"

"那要看你想去哪儿了。"猫说。

"我不在乎去哪儿——"爱丽丝说。

"那你走哪条路都可以。"猫说。

"嗯——只要我能到个什么地方。"爱丽丝解释道。

"噢,只要你一直走,走得足够远。"猫说,"总会到个什么地方的。"

刘易斯·卡罗尔,《爱丽丝梦游仙境》

本章节中包含了什么?

本章将为你提供清晰且明确的指导,阐述怎样为你的团队设定学习目标,以及设定团队能够始终保持的工作水平。当第一个阶段的设定完成后,我们将会向你展示怎样设立团队中每个成员的学习起点。这个过程会让你受益匪浅,一旦掌握这些新能力,你就能运用本书的第二和第三部分的内容,准确地为你的团队规划和设计学习之旅。

- 你有过和爱丽丝一样的感受吗,一头雾水,不知道自己的团队该朝哪

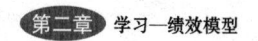

个方向发展？

- 你是否有过这样的经历：在团队中努力推动学习文化，但效果却并不理想？
- 你是否认可发展学习型团队是必要的，却对此感到一筹莫展，无从下手？

设计不当的学习方式有什么潜在影响？

大约六年前，一个处于困境中的组织联系到我们。他们的经理希望获得我们的支持，但是其实他早已心中有一个计划，只是需要我们帮助他实施这个计划。他之前曾在其他组织中看到过这种战略策划工作的效果，但问题在于，他的组织与其他组织的起点完全不同。就像一个高尔夫球初学者在沙坑里选错了球杆一样，这注定是一个失败的计划。

当我们倾听他慷慨激昂的讲话时，"客户永远是正确的"这句箴言浮现在我们的脑海中。存在于他脑海中的是一个同事互助项目——这种项目可以有效地发挥作用，但有两个重要的条件：第一，团队文化的方向必须是正确的；第二，团队成员需要接受个体指导和技能训练。不幸的是，这两个条件他的团队都不具备。因而，除非我们可以帮助他指出计划中的漏洞，否则这个项目必将铩羽而归。

迅速行动去设计一个学习项目会给人带来一种事情将会改善的错觉。可是，如果学习项目没有经过深思熟虑而只是徒有其表，则可能带来两个惨痛的后果。首先是可以衡量的代价，在该项目上要投入大量的时间和金钱。可惜这一类的经济支出往往会被低估。因为除了聘请外部咨询顾问、提供训练场地和茶点的可见费用外，你还要为训练课程参与者发放薪资，这是一种隐性费用。闲置不用的办公室也是一项开支，如果团队的规模巨大、训练项目的持续时间很长，实际花费可能会比培训公司和场地提供者的发票中所罗列的费用要高得多。

然而，长远来看，更具破坏性的可能是质量成本——尤其是团队对学习价值的负面认知。如果一个团队经历了质量低下、计划不周的学习，不论后来的学习机会质量如何，他们都可能会对新的学习机会产生普遍的负面反应。此外，无效的学习项目可能会有损对学习无比重视的领导者的威信。有时，这或许比经济成本更加有害，因为今后的任何学习项目方案会因此步履维艰。

> ### 案例分析：主动性过载
>
> 几年前，在伦敦的一次会议上，我（安迪）正等待着主持一个有150多人参加的会议。该组织领导发表的主题演讲拉开了当天会议的序幕。当他将我要谈论的内容与他的宏大愿景联系起来时，内容似乎振奋人心。我坐在礼堂的后面，周围是一些最没有激情的员工，其中一位转向身旁的人，低声说："领导会在三个月内把这一切忘得一干二净，去追求别的光鲜亮丽的事情。"

在本章中，我们将向你介绍我们的学习—绩效模型。它旨在帮助你定位到团队高质量学习的最佳起始点，尤其是能根据你们的个性化需求进行定制。它还能帮助你避免上面列出的两个可能的风险：浪费宝贵的资源和不经意间产生的对学习的抗拒。

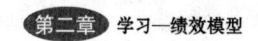

预备，瞄准，开火：建立一个连贯学习计划的重要性

鉴于我们上文概述的，由于学习方式设计不当而产生的显而易见的风险，我们的目标是提供一个清晰透明的、循序渐进的过程，以制订一个经过慎重考虑的行动计划。整个过程将使你能够从大量可用的策略中筛选出最适用于你工作内容和背景的几种。"当然，"我们对领导者说，"你们可以忽略那些表明你们的计划注定会失败的研究和证据。但请务必在这样做的时候睁大眼睛，弄清楚潜在的后果。"

为了制订一个可靠的计划，实施两个步骤是至关重要的。第一步是要明确，对于你的团队而言，"高绩效"听上去、看起来、感觉中究竟应该是什么样的。如果没有树立一个明确的理想目标，就有可能在没有清晰方向和重点的情况下开展行动，这是危险的。一旦确立了目标，就能轻而易举地根据既定的标准来评估学习是否朝着正确的方向前行。这是一种有据可依的学习：团队中的行为、关系和态度是否正朝着你期望的方向发展，这种情况是你所希望看到和听到的吗？

一旦设定了预期的结果，第二步就需要你来准确评估团队中每个成员的起点。过去十年的经验告诉我们，除非能细致地完成这两个步骤，否则开展有效的学习鲜有可能。

我们现在置身何处？

每当我们与那些在奋力提高团队学习效果却陷入泥沼的领导者合作时，我们都会使用学习—绩效模型（见下图）。它可以帮助他们规划学习者的起点和理想的目标。该模型能起到刹车的作用，通过放慢速度，领导者就不太可能陷入那种诱人但总是适得其反的陷阱，即准备、开火、再瞄准——过于仓促地采取不基于任何实证或研究的行动。

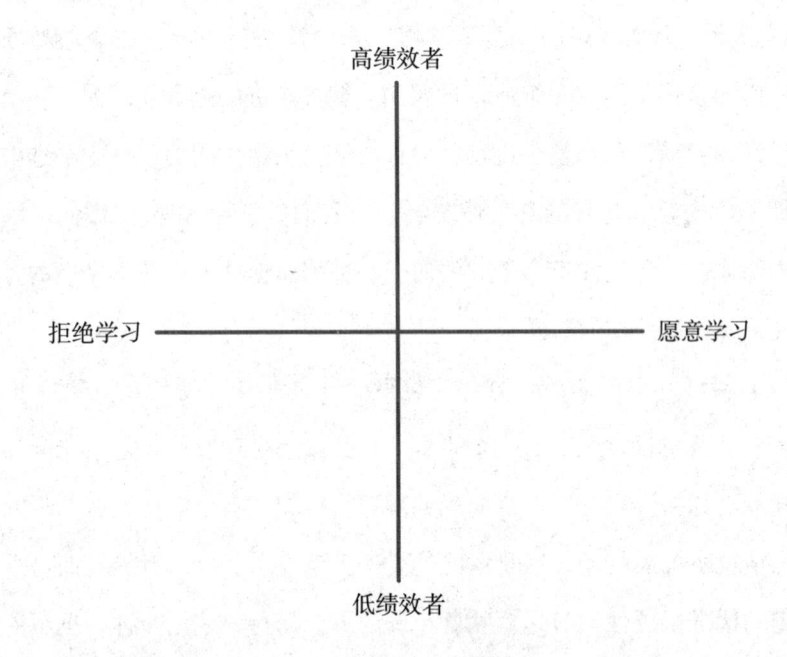

```
                    高绩效者
                      │
                      │
                      │
    拒绝学习 ──────────┼────────── 愿意学习
                      │
                      │
                      │
                    低绩效者
```

该模型中的纵轴描绘了个体从高绩效到低绩效的不同表现，横轴则表示从拒绝学习到愿意学习的意愿。我们将对两个坐标轴进行详细讨论，以便你确定团队中的每个人在模型中的起点位置。

高绩效者—低绩效者

整个过程的第一阶段是分解纵轴，深入了解"高绩效"在你的团队中意味着什么。

高绩效者

低绩效者

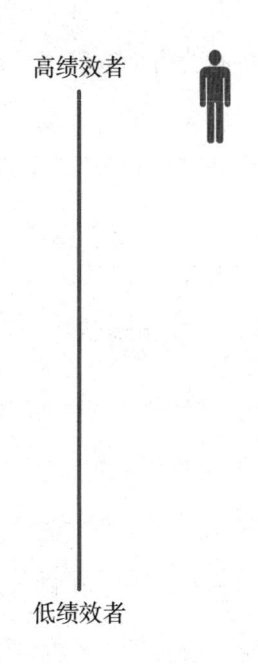

高绩效者可以是你的团队中的任何一个人，这些人能够展现出高质量的工作水准，能够让你和你的客户交口称赞。和他们一起共事能让你感到自豪。关键的是，他们在日复一日的工作中可以一直保持出色表现。如果幸运的话，你的团队中可能已经有一个或多个这样的人了，当然也可能还没有。通常来说，出类拔萃的个体会有一些他人所不具备的人格特质。类似的人可能在团队中服务过，其他人至今仍然以他们为榜样。

准确定义高绩效员工的特征极为重要，原因有三：

1.除非高绩效者的含义非常明确，否则就没有明确的基准来准确衡量团队中的每个人的表现。至关重要的是，在开始任何培训时，必须清楚地认识到当前表现与理想标准之间的差距。

2.如果在这个阶段忽略或遗漏了某些高绩效者的特征，即使团队中的某些人缺乏这些特征，它们也不会成为学习和发展关注的重点。因此要确保所有关键标准都包括在内。

3. 反馈和对话在帮助改善行为方面起着不可或缺的作用。然而，反馈的有效性取决于对高绩效能力群体定义的清晰度。如果这个定义不明确，反馈的有效性就会降低。

> **案例分析：对"高绩效"做出定义**
>
> 购物街一家大型商店邀请我们帮他们重新设计针对新员工的培训项目。这一项目目前已经在他们英国和爱尔兰的门店中成功实施。整个过程的第一步就是让学习和发展部门的人坐下来，对"高绩效的销售助理"做出定义。有时候，这个问题会被视为戏谑和挑衅，人们会说："这个定义难道不是很明显吗？"但是对于这群充满学习热情的人来说并不是这样。相反，随着解构过程的开展，他们对此进行了严肃的辩论。这些有价值的讨论使他们清楚认识到，在他们店里，一个高水平的销售助理究竟意味着什么。后来，他们指出了预先商定这些标准是多么重要，它们在后续新员工所需的各项关键方面的发展中都得到了体现。

我们使用 KASH 模型来定义高绩效者的各项指标。正如我们在第一章中看到的，KASH 分别代表了知识、态度、技能和习惯。这个模型能为领导者提供解构和严格定义高绩效者属性的能力。

但使用 KASH 来解析高绩效者的品质可能比看起来更具挑战。让高绩效者变得高效的能力品质有很多，实际上它们可能是看不见、听不到的。它完全有可能是某个人对怎样能出色完成工作的思考过程。例如，在上述的案例分析中，高绩效销售助理的 KASH 模型的一个方面就是他们要有这样一种技能，即注意到哪些顾客需要提供帮助和给出建议。他们会定期在商店内的楼

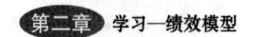

层间巡视，寻找这类顾客，而不是全神贯注在另一项其他的任务中，比如补充商品库存。

这种能力也有可能成为受到"专家诅咒"的盲点。当一项技能或行为成为某个人的第二天性或直觉以至于不再被人注意时，就会发生这种情况。我们执行的任务越多，它就会愈发成为习惯，我们也会在无意识中拥有了这项能力。使用KASH模型进行解构则要求我们去认识到这些无意识拥有的能力，这样就不会遗漏掉任何关键元素。

一些领导团队在这个过程中陷入了争论知识和技能、知识和习惯之间细微差异的泥潭！回顾我们的经验，这完全是徒劳的。我们的建议是将核心完全放在解构高绩效者特征的过程上。在这个阶段中，对于各种特征的辨析并不是那么必要。最重要的事是确保你已经充分了解了高绩效的含义。

问题与反思

在你的团队中，高绩效者需要具备哪些知识？

在你的团队中，高绩效者需要展现出怎样的态度？

在你的团队中，高绩效者需要精通什么技能？

在你的团队中，高绩效者有什么习惯和惯常行为？

如果团队成员普遍具备了上述知识、态度、技能和习惯，在这样的团队工作看上去、听起来、感觉上将会如何？

案例分析：解构 KASH 模型

以下是一个组织如何使用 KASH 模型定义高绩效者的例子。

我们与总部位于伦敦陶尔哈姆莱茨（Tower Hamlets）的慈善机构"It's Your Life"进行了合作。该慈善机构正在试图开发一个有效的培训项目，以使他们的高影响力育儿计划"这是你孩子的生活"（It's Your Child's Life）在利物浦取得成功。

我们和首席执行官杰基·巴恩斯（Jackie Barnes）一起制订了一个计划，让她能够解析一个高水平领导者的 KASH 模型。这涉及展示她在开发该项目期间所培养的能力。她录下了自己领导整个项目的全过程，这样就可以方便评估自己是如何领导这个项目的。此外，她发现她的培训团队也在进行类似操作，按照这种方法她可以分析出高绩效所蕴含的所有关键因素。

知识	态度
• 课程内容和过程 • 了解如何得到父母的支持 • 父母可以使用的实用工具和战略 • 明白关键隔阂需要改变 • 了解每个家庭的背景情况 • 了解父母的状况（例如：健康问题） • 懂得人类的学习方式 • 了解当地的帮扶机构 • 了解具体的学习困难 • 早期儿童学习目标的要求	• 相信所有的家长都可以改进 • 渴望对家庭和孩子的生活产生真正持久的影响 • 适应力强 • 具有好奇心 • 不评论 • 愿意学习父母需要面对的阻碍，以及如何克服它们 • 愿意接受他人关于如何改善的反馈建议 • 谦逊（让父母意识不到他们在被教授如何为人父母）

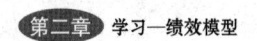

技能	习惯
- 人际交往技巧 - 与父母建立信任关系 - 与学校/家长/相关老师进行沟通 - 提问和建立对话 - 倾听 - 辅导/指导 - 计划和安排优先事项 - 培养家长"我能"的态度 - 促进内容丰富、开放的讨论 - 能对家庭中问题产生的原因进行诊断	- 个人组织 - 反思如何提升自己的表现 - 根据父母个人的需要调整计划和举行会议的时间 - 营造家长的高期待感

在这项工作的基础上，杰基招募并培训了两名课程负责人，他们正在默西赛德郡（Merseyside）的各个小学成功开展着育儿项目。

问题与反思

在你的团队中，KASH 模型中的哪些元素是最重要的？

KASH 模型中的哪些元素是普遍缺失的？

如果你可以改善存在于团队中的一个 KASH 元素，你会选择哪一个？它会给你、你的团队和客户带来什么好处？

如果将你的团队的情况与 KASH 模型的高绩效者标准相比，哪些方面比较强？哪些方面差距最大？

过去你将 KASH 模型应用到团队中的努力是否卓有成效？

愿意学习—拒绝学习

拒绝学习 ——————————————————— 愿意学习

如果一个人仅仅是愿意学习,这并不意味着他们是高绩效者。相反,虽然学习的确是成为高绩效者的必要条件,但高绩效者也可能会拒绝学习。

乐于接受学习的核心是一种持续的、内部驱动的对成长和发展的保证,学习的实践对于学习者自身以及整个团队都适用。我们在与团队中愿意学习的个体合作后发现,他们都具有以下令人"焕然一新(REFRESH)"的学习品质:

• 学习韧性(Resilience):开放的学习者在学习时具有适应和恢复的能力。他们会表现出坚持不懈地改进自己的工作表现并支持他人共同进步的意愿。当事物进展缓慢时,他们不会被轻易吓倒。他们能认识到学习是一个循环往复的过程,在这个过程中,个人和团队通过反馈的形式来不断改进他们所从事的工作。

• 探究能力(Enquiring):开放的学习者对为什么以某种方式完成任务,以及如何用不同的方法展开更有效的行动有一种与生俱来的好奇心。他们提出问题并不是因为他们遭遇到了阻碍,而是因为他们渴望加深对如何有效完成团队工作的理解。他们可能会问:为什么会出现问题?怎么解决这些问题?为什么一种解决方法比另一种更好?是什么样的思维方式得出了这个问题的解决方案?我们如何保证未来不会再出现问题?从他们的好奇心中得到的积极结果似乎也进一步促进了他们对于学习的接受度,从而形成了一种良性循环。

• 渴望反馈（Feedback）：开放的学习者渴望得到反馈。反馈使他们能够发现学习中的哪些差距已经被消除了，而哪些仍然存在。因此，反馈可用于帮助他们重新确定下一步工作。他们是应该回顾过去，改善现有表现中的一个方面，还是进入下一个阶段？寻求反馈是这个群体的习惯。他们经常向他人寻求反馈，以便更好地理解他们所做的工作和工作方式产生的影响。

• 反省改变（Revising）：开放的学习者的一个关键特征是他们愿意对新知识作出评估，并调整现有的思维模式来适应新知识。这种新的知识可能会促使他们摒弃已经形成的习惯，转而培养新的技能。希望不断提高他们所做工作的影响的愿望使他们愿意进行这种尝试。这种欲望能促使他们对根深蒂固的信念提出质疑，并消除无意识的偏见。对于这些人来说，改变和适应是他们心态的一部分。

• 刻苦努力（Effortful）：学习会有踟蹰不前的时候。学习过程中需要对新技能进行实践，需要理解和消化新知识，培养新习惯。高效的学习者能认识到这些任务需要耗费时间和精力，并愿意在这个过程中全身心地投入。

• 愿意共享（Sharing）：高效的学习者会寻求真正的机会，最大限度地通过合作提升自己。虽然有些人倾向于自学，但合作可以通过交流、回馈和反思来促进知识的分享，从而加强学习效果。当个人遭受挫折或者陷入困顿时，合作学习可以为他们提供支持和鼓励。

• 行为习惯（Habitual）：愿意学习的人认为自己的工作具有内在的吸引力。他们认为学习是一个持续的过程，不受时间的限制。在最近的一次会议上，安迪无意中听到一位成员承认，他在清晨跑步的时候，想出了一个解决人力资源问题的创新方案！这是开放学习者拥有的一个习惯。他们生来如此。咖啡时间变成了对研究和发展的讨论，周五下午的反思总结会自发进行，而不需要团队领导来制定议程。

> **问题与反思**
>
> 回想一下你的团队中最愿意学习的成员。他们在日常工作中展现出了哪些 REFRESH 品质？这种对学习开放的态度究竟产生了什么影响？
>
> 在你的团队中，常见的 REFRESH 品质有哪些？
>
> 哪些品质又是你的团队中最缺失的呢？
>
> 前两个问题的答案产生了什么影响？
>
> 你觉得哪些特征最容易培养？哪些比较困难呢？

人的自我——学习的刹车踏板

真正成功的学习者和团队合作者所具备的特征之一是，他们有能力和意愿来平衡自己实现个人目标的自我需求和推动团队的集体成长与发展。倘若某些人缺乏这种平衡能力，或者自我意识不够成熟，那他们眼中的成功就会更倾向于指向个人的成功，而不是团队的成功——也就是说，他们渴望看起来比别人更好，倾向于接受来自别人的反馈而不是邀请他人共同进步，这种心态会导致这些人觉得被喜欢和被欣赏高于一切。

我们多次发现，当团队学习止步不前，不成熟和不健康的自我意识是造成问题的主要原因。无论团队成员还是团队负责人，当他们让这种不成熟的自我意识占据主导时，很容易形成一个无益的，甚至是互不信任的消极学习

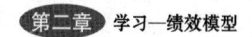

环境。这种不信任会迅速而严重地破坏人际关系和团队合作。戴维·马库姆（David Marcum）和史蒂文·史密斯（Steven Smith）在他们的著作《自我经济学》中提到，要确保自我意识和谦逊的平衡。只有一个人拥有这种平衡，才能将反馈视为一种启发性建议，而非对自己的批评。由此，人们才能公开诚实地给予反馈，你也才能虚心接受。我们将会在第二部分中对自我意识在团队学习中起到的作用展开更详细的讨论。

> ### 案例分析："我"的诅咒
>
> 几年前，通过观察一个组织的团队会议，我们很快发现，个体不完善的自我意识和强势性格正在破坏团队中有效学习的可能性。这类成员反复以"我"作为贡献者的前缀。他沉溺于分享自己的个人成功，对此团队的反应则是白眼连连。这件事让我们想起一句古老的西班牙谚语："你在炫耀什么，你就是缺少什么。"

你的团队起点是什么？

现在我们已经知道了学习—绩效模型中两个坐标轴的意义，接下来的任务就是在模型中绘制你的团队的起始位置。如果你不确定某个特定成员应该被放在哪里，请用铅笔记下最初的位置，然后花几天时间对他/她进行专注的观察。在知道自己该看什么，该听什么后再去观察，你就会注意到令人惊奇的东西。

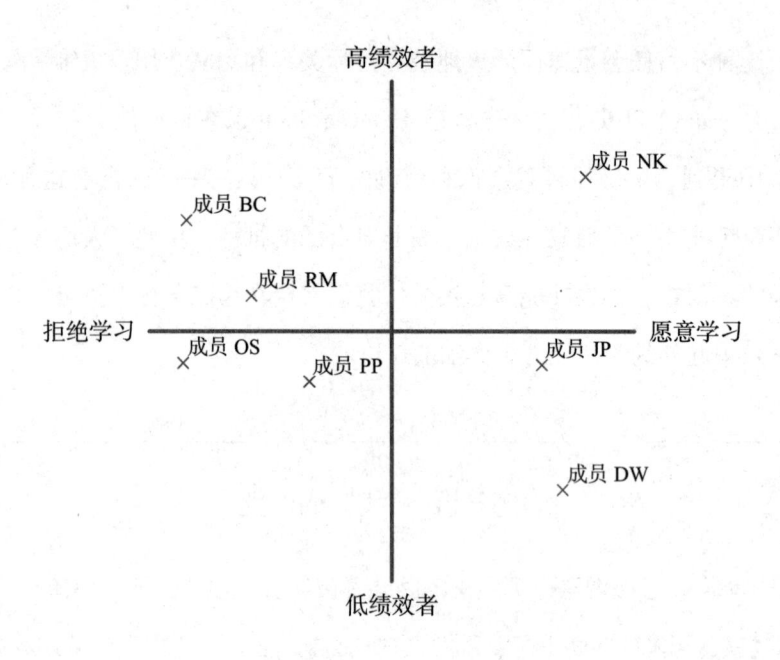

```
            高绩效者
              │
              │         × 成员 NK
              │
    × 成员 BC  │
              │
         × 成员 RM
拒绝学习 ─────┼───────── 愿意学习
     × 成员 OS│
       × 成员 PP    × 成员 JP
              │
              │    × 成员 DW
              │
            低绩效者
```

个案分析：保罗的团队

保罗领导着一个培训师团队，他们在英国各地开展培训项目。在与我们合作的过程中，他使用学习—绩效模型来绘制团队成员的起点。在绘制过程中，他很快发现，团队成员的初始点呈现出了十分离散的分布状况。这启发了保罗，因为他意识到在他的团队中，大多数人是拒绝学习的。除此之外，他还发现在为客户提供服务的培训师中，有些人并不属于高绩效者。

但是，建立起点的过程还有最后一步要走。我们要求保罗提供证据，证明为什么要把这些人放在他所点出的位置。这一挑战并不是质疑保罗的判断，破坏他的工作。相反，它旨在确保这些起点的描绘是基于证据的谨慎考虑，而不是错误的主观看法。

近年来，认知心理学在判断和决策领域做出了一些有价值的贡献。尤其值得一提的是诺贝尔奖获得者丹尼尔·卡尼曼（Daniel Kahneman）的研究，充分显示了人们在评估他人的表现时，做得有多么糟糕。

那么，你对团队中的每个成员的起始点有怎样的判断呢？要格外注意的是，你的评估是否受到了无意识偏见的影响，你使用的判断证据是否具有选择性而不具代表性。

爱德华·桑代克（Edward Throndike）创造了"光环效应"这个词，它用来表示我们对某些人或某些情况的潜意识偏见。桑代克的研究指出，当领导者对团队中的某个人评价很高时，他们可能会在未来对这个人的负面反馈视而不见。这种情况导致的另一种必然结果则是鲜为人知的"喇叭效应"，即对某个人开始的一点点讨厌会让你越来越讨厌他，无限放大了某个人的部分缺陷。

这两种影响都源于领导者根据早先或者第一印象产生的偏见。这种先入为主的观念常常导致他们无法正确获得更多的信息，而这些被忽略的信息却可能会更好地帮助他们了解他人的表现。这种偏见就如同一个棱镜，领导者通过这个棱镜来观察一个人，对其发表见解。事实上，不管怎样，我们总是倾向于听到我们想要听到的东西，而不是真的去聆听别人到底在说些什么。卡尼曼为这种偏见创造了一个首字母缩写词"WYSIATI"，意思是"你所看到的就是一切"（What you see is all there is）。他解释道，在形成判断时，我们往往不会考虑是否有其他可用的信息能帮助我们更好地展开细致思考。

这些偏见会导致领导者夸大一个人对学习的拒绝或接受程度。在周五下午五点半，与一位疲惫不堪、工作超负荷的同事匆忙交流，你会发现他/她似乎不太愿意学习，但这可能无法代表他/她的真实想法。同样，一个快节奏、充满自信的演讲也并不能证明某个特定的团队成员是一个高绩效者。从本质上讲，高绩效者是真实并且始终如一的。西蒙·西内克（Simon Sinek）

将其概括为:"真实性不只是通过言论来看,还要与行为处事有关。我们所做的每一个决定都在诉说着我们到底是谁。"

我们发现,那些愿意耗费时间从各种渠道获得反馈,会更审慎地聆听和观察团队的领导者,他们不太可能被无意识偏见所干扰。我们强烈建议领导者们通过实证判断后,再来推广和使用学习—绩效模型。

于是,保罗清楚地认识到潜在的认知偏见会对判断产生影响,他决定至少要用三个证据来判断每个人的起始点,这样作出的判断才能经得住考验。他将这些信息补充到了他的模型中。他完成的模型将如下图所示:

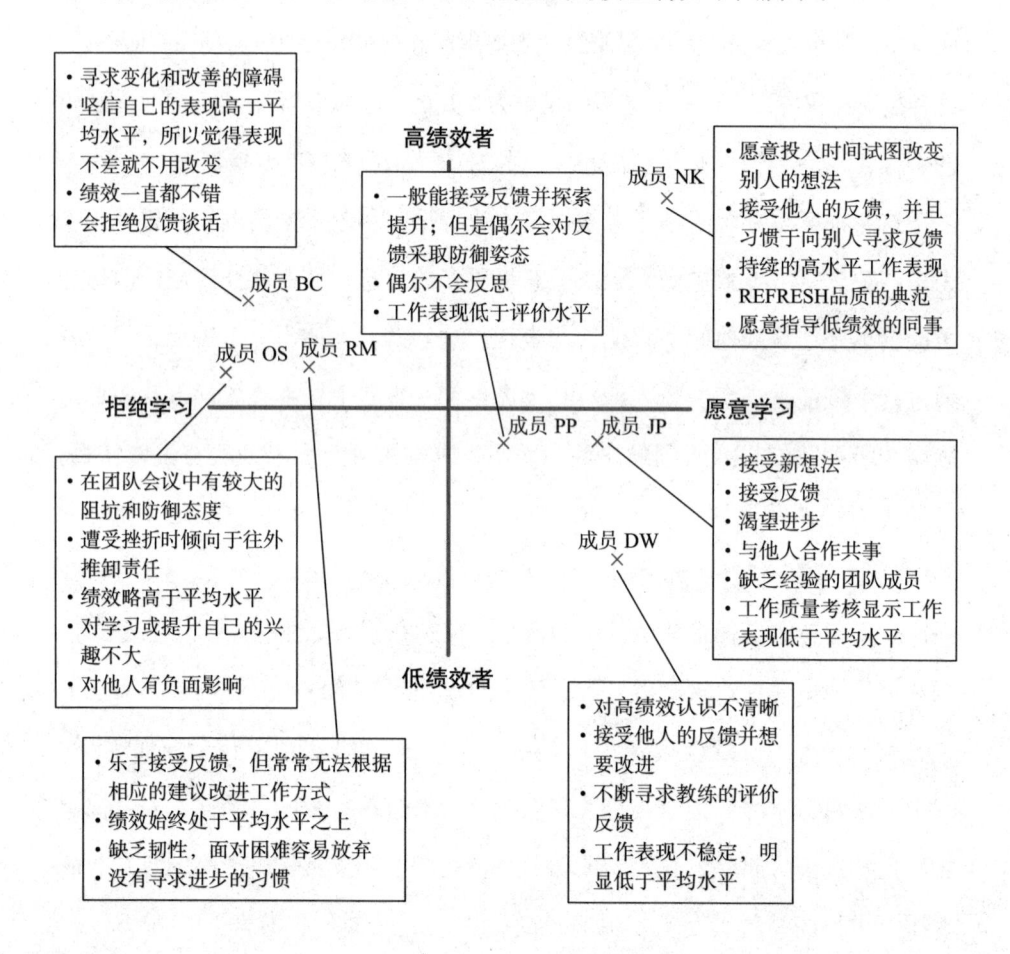

成员 BC
- 寻求变化和改善的障碍
- 坚信自己的表现高于平均水平,所以觉得表现不差就不用改变
- 绩效一直都不错
- 会拒绝反馈谈话

高绩效者 / 成员 NK
- 一般能接受反馈并探索提升;但是偶尔会对反馈采取防御姿态
- 偶尔不会反思
- 工作表现低于评价水平

成员 NK
- 愿意投入时间试图改变别人的想法
- 接受他人的反馈,并且习惯于向别人寻求反馈
- 持续的高水平工作表现
- REFRESH品质的典范
- 愿意指导低绩效的同事

成员 OS / 成员 RM（拒绝学习）
- 在团队会议中有较大的阻抗和防御态度
- 遭受挫折时倾向于往外推卸责任
- 绩效略高于平均水平
- 对学习或提升自己的兴趣不大
- 对他人有负面影响

成员 PP / 成员 JP（愿意学习）
- 接受新想法
- 接受反馈
- 渴望进步
- 与他人合作共事
- 缺乏经验的团队成员
- 工作质量考核显示工作表现低于平均水平

低绩效者
- 乐于接受反馈,但常常无法根据相应的建议改进工作方式
- 绩效始终处于平均水平之上
- 缺乏韧性,面对困难容易放弃
- 没有寻求进步的习惯

成员 DW
- 对高绩效认识不清晰
- 接受他人的反馈并想要改进
- 不断寻求教练的评价反馈
- 工作表现不稳定,明显低于平均水平

值得注意的是，保罗对他的团队进行了更加细致的分析，他重新考虑了其中三个人的初始点定位。经过评估，成员 OS 实际上是一个高于平均水平的人。保罗透露，一开始是 OS 在团队会议上的消极态度扭曲了他对其工作表现的看法。这正是喇叭效应发挥作用的一个例子。此外，保罗发现相较于他的最初直觉，成员 PP 和成员 NK 实际上更愿意学习。另外，在再次分析后，保罗也发现，他之前对成员 NK 的高绩效水平评价与实际相差无几。

就像其他已经描绘出团队成员初始定位的领导者一样，这个矩阵清楚地为保罗展现了他离拥有一个愿意学习的高绩效团队还有多远。

问题与反思

在学习—绩效模型中，你会把团队中的每个成员放在什么位置？

你能提供什么证据来证明你选择的初始位置是正确的？

如果你在一年前做了这种定位，你的团队现在会有人处于不同位置吗？

你的团队成员的初始分布存在怎样的特点？

你的团队离一个高绩效且乐于学习的团队还有多远？

下一步是什么？

高绩效者的 KASH 模型已经建立完成，你的团队起始点也已经在学习—绩效模型中锚定。你可能发现，当前团队成员所处的位置与理想团队的定位（即团队成员聚集在右上象限）之间存在差距。现在，请设想一下，有一个团队在学习—绩效矩阵上有类似下图的总体分布，与这样的团队共事会是什么样子：

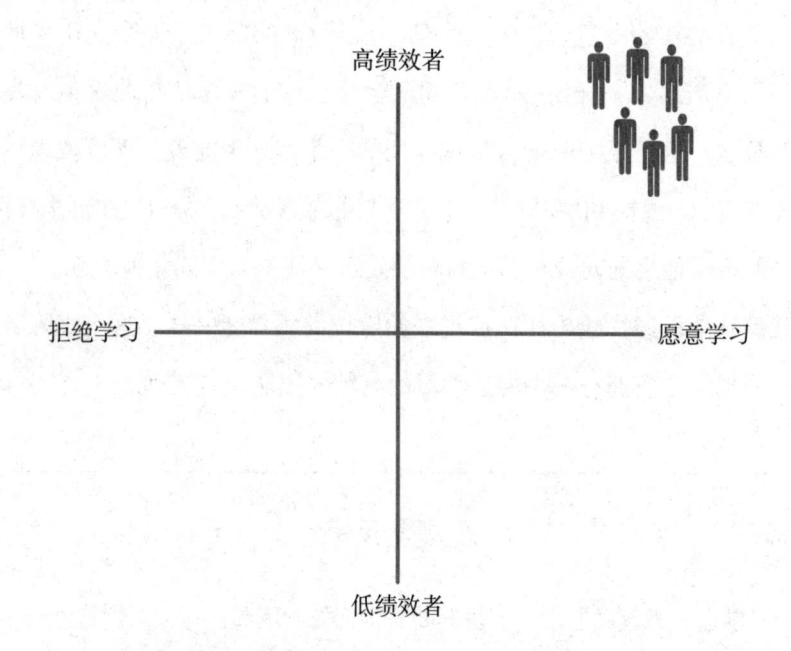

```
                    高绩效者
                           ● ● ●
                            ● ●

拒绝学习 ─────────────┼───────────── 愿意学习

                    低绩效者
```

　　没有艰苦的工作和高质量训练，团队不可能达到这种程度。在大多数的团队中，总有成员要么工作表现不佳，要么不愿意学习。如果你的团队能呈现出上图这样的模式，我们强烈推荐你直接阅读本书的第二部分，我们将在其中分析导致人们拒绝学习的三个最常见的障碍，并提出减少其影响的策略。移除和消灭这些绊脚石是十分必要的，否则在你的团队中为有效学习开展的任何计划都将有可能因此失败。就好比汽车陷入厚厚的泥浆里，司机加速发动引擎试图脱困一样，每踩一脚油门，汽车就会下沉得更深。

　　倘若你足够幸运，你的团队中的全部或大部分成员都置身在乐于接受学习的象限中，那么第二部分将帮助你和他们巩固和提高工作技能。正如跑步者必须通过定期训练来保持体能一样，领导者也必须努力维持一个团队的学习意愿。人、市场和环境时刻发生着变化，我们的世界是不稳定的、充满变数的、复杂的、模棱两可的，我们不可能人为地减缓世界发展的速率。为了保持警觉和敏锐性，我们需要时刻参与到学习中，以尽可能地缩小甚至消除世界快速变化发展可能带来的阻碍。我们知道，有一位领导者就曾因为这个原因把埃里克·霍弗（Eric Hoffer）的名言钉在自己的家门上："在剧变时代，善于学习的人将继承未来，有学问的人将会发现他们为生存其中而进行了准备的世界已经不存在了。"

在第三部分，我们将提供一个明确的架构，以支持你为你的团队设计高效的学习计划——它将满足你的团队中所有成员个体发展的需要，不论他们的起始点在哪儿，也不管你的团队和组织将在未来遇到怎样的不确定因素。

第二部分

破：三击粉碎学习障碍

THE LEARNING IMPERATIVE

RAISING PERFORMANCE IN ORGANISATIONS BY IMPROVING LEARNING

两个园丁租下了毗邻的菜地，都想要有一番作为。其中一个缺乏耐心，缺少专业知识。在春天第一个阳光明媚的早晨，他阔步走来，开始了漫不经心的播种；他怀揣着错误的期待，等着晚些时候迎来撞大运似的蔬菜丰收。

他的邻居采用了截然不同的方法。她知道在播种之前，做的准备越多，之后她就越有机会得到那些值得她辛勤付出的回报。首先，她小心翼翼地拔掉菜园中的杂草。然后她用一把剪刀修缮了杂草丛生的篱笆，让更多的阳光直达菜园中，照耀和温暖土壤。最后，在播种之前，她小心翼翼地将土地耙平，清除其中所有的石头。

第一位园丁注定要用当地超市的冷冻蔬菜来填补他歉收带来的亏空，而另一位园丁却享受充足的自己种植的美味蔬菜。

学习就如同耕种一样。创造出理想的环境，使学习能够在团队中蓬勃发展，这一点至关重要。这就要求领导者效仿后面那位园丁，清除杂草和消灭病虫害，确保学习的土壤是肥沃的。毕竟，如果学习条件不理想，提高团队表现就会遇到更多的困难。

- 你有没有思考过，为什么学习在其他团队中的发展如火如荼，而在你的团队中却不温不火？
- 你是否困惑过，为什么你的团队中的一部分人开始拒绝学习了？
- 你是否希望能为团队学习创造有利条件？

在第二部分中，我们将分析三个最重要（也是最常见）的学习障碍，这些问题会导致团队中的个体变得不愿意学习：

1. 超负荷运转： 工作运行超负荷是一种在团队内可被感知的特性，它的形成或许有着纷繁复杂的原因，以至于团队没有时间精力去学习或提高。这可能是因为团队没有足够的机会进行协作，思考更加有效的方法来改变现状。或者，他们可能正身处一个单纯的信息过载的工作环境中——过大的信息量会让个体感到不知所措，如同设备没有足够的带宽去处理任何新信息一样。当一种近似癫狂的工作节奏成为常态，即使最坚定的学习者也会发现他们很难找到学习的空间和时间。在最坏的情况下，他或她甚至可能失去学习习惯。在学习情境中，如果学习者一次性获取了过多新信息，或者必须同时完成过多任务，这种超负荷的运转被称为认知过载。

2. 低信任关系：信任是学习发生的关键。这里我们指的是团队成员之间的信任，以及团队成员和领导之间的信任。团队中的高信任就如同学习的氧气。低信任度会使人们在未知状态下更不愿意提出问题。这会让他们害怕犯错，或担心别人会如何看待他们。低信任亦会导致在寻求和提供真实的反馈时，人们三缄其口。而给予和接受高质量的反馈对于提高工作绩效、增强团队内驱力和强化信任关系有着举足轻重的作用。

3. 认知偏差：认知偏差是指一个人对他或她自己的能力评估和他们实际工作表现的差异。不同的认知偏差会对不同方面产生影响。举例说，他们可能高估或低估了自己的表现，又或者他们所接收到的反馈信息质量低下，让人丧失斗志。无论哪种方式，最终的结果可能是他们变得拒绝学习。例如，那些对自己的表现有着夸大意识的人可能会被懒惰拖住了脚步。他们"自以为"没有什么迫切需要改进的，因为他们觉得自己的表现已经足够了。也有一些人可能对自己的表现的评价低于实际情况。他们往往缺乏自信，甚至抵制与他们的认知背道而驰的反馈，因为他们认为自己无法应对新学习带来的额外挑战。

这一部分的每一章节都将进一步详细说明这些壁垒是如何阻碍学习的，我们将概述它们发生发展的原因，并提供克服这些障碍的实用工具和策略。

三位一体，一分为三

当处理信息能力足够，牢固的信任关系得以建立和自我认识准确到位时，学习就具备了良好的基础。它们就好似一个稳定的、结构良好的凳子的三条腿，支撑你取得强大而成功的发展。

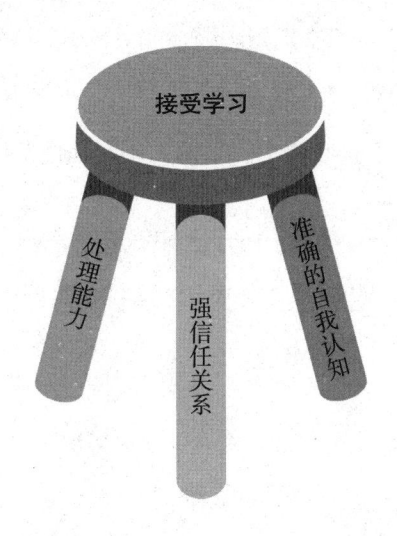

当出现上述障碍时，有三种明显的危险需要警惕。首先，当这些障碍中的任何一个出现在团队中时，对学习的影响就好像把一条腿从凳子上移开一样：它会失去稳定性，然后很快就会失去平衡并倒下。因此，对这类障碍防患于未然是首当其冲的，否则人们就可能会拒绝学习。

其次，根据我们的经验，如果没有明确的制度和规范来防止这三个障碍，它们就很容易形成。正如我们所预见到的，这些困难就像花园里的杂草，如果任其肆意生长，就会扼杀我们想要种植的植物。为学习营造了良好条件的团队是不会把消除障碍作为偶然事件的，他们会时时注意，一旦发现就动手清除。领导者或团队本身会持之以恒、深思熟虑、谨慎认真地工作，以确保这些杂草不会生长。

最后，这些障碍通常不是孤立存在的。例如，当超负荷运转阻碍学习时，低信任关系的问题也会常伴左右。团队成员经常把超负荷工作的原因归咎于他们领导的失败。正如一位沮丧、负担过重、完全拒绝学习的人所言："我们公司的问题在于，管理层对他们的所作所为毫无计划。这就是我们为什么总是在四处救火，弥补漏洞。"尽管全部消除这些障碍似乎是一项重大的任务，但是请放心：由于这些障碍往往是相互依存的，努力消除或减少一个障碍常常也会同时对另外两个产生相同的作用。

为了使你能对这些重要问题进行深入思考，并帮助你确定学习开始和结束时所要采取的行动，我们在以下三章的末尾都提供了一个行动计划的模板。

案例分析：为学习打下基础

米歇尔领导着一个超过五十人的组织，她已经在这个职位上待了两年之久了。之前的任职者刚上任六个月就离职了。董事和员工们完全对他丧失了信任。我们从未遇到过如此拒绝学习的团队组织。不仅如此，团队成员的认知偏差也在逐渐扩大。正如一个员工所说的："如果这个地方和这些人想象的一样好，那我们就能制霸全世界了。"

米歇尔到来后的第一个行动是建立强大的信任关系，主要通过在组织内部进行角色塑造和广泛倾听意见。她意识到，在她就职之前所发生的事情已经严重损害了员工的利益。在上任后六个月，她开始注意到越来越多的员工对学习抱持开放的态度，随之产生的结果是，他们对反馈的接受程度也慢慢提高了。这使米歇尔开始重新根据实际情况调整认知，她要确保团队能够拥有一种朝着更好的方向发展改变的集体意识。

愿意接受他人的看法

贾里德是一位我们十分尊敬的领导者，他曾经说过："这就是我认为团队中存在的问题，但我也有可能做了错误的判断……"考虑到以选择性证据和无意识偏见为基础的判断存在一定的危险性，我们鼓励领导者从团队中收集反馈，了解团队成员对学习障碍的大小和规模的看法。

可以通过匿名调查工具来收集相关意见，它可以让领导者从团队中获得反馈，了解在他们的组织中这三类障碍存在的程度。总结报告会向你提供了团队中两个关键领域的详细反馈：（1）个人学习的三类障碍的程度，以及它们产生的原因；（2）为了改善团队的学习状况，要做出的三个最重要的改变是什么。你能在附录一中找到这份调查问卷。

对于调查结果的问题与反思

当你整理完调查结果，在进入下一章之前，请你思考以下五个问题：

在你的团队中，哪些障碍是你的团队接受学习的最大绊脚石？

这些大大小小阻碍背后的原因是什么？

你自己对这些障碍的看法和你的团队的看法有多大的不同？

你对这些障碍的产生要负什么责任吗？

如果你在一年后重复这项调查，你希望报告的结果会是什么样的？

第三章

超负荷运转

　　戴夫步入一个我（马克）正在发言的会议。他是曼彻斯特一个公共部门组织的团队领导。我向他表示欢迎并和他握了手。他紧紧地攥着我的手，凝视了我很长一段时间。"早上好。"他终于说道，"无意冒犯，我今天接受了太多信息，只是觉得有些麻木了，好像对工作丧失了期待。"在会议的茶歇时间，我径直向他走去。"早上过得怎么样？"我试探性地问道。"噢，都挺好的。"他答道。他看起来似乎高兴了一些，我就问他为什么一大早要来找我。他瘫坐在最近的椅子上，卸下工作的包袱开始倾诉。

　　他的组织面临着改革提升的压力，而他团队的工作表现一直很平庸。因此，他和他的团队遭到了无休止的细致审查，收到了一群不同的外部顾问和质量管理经理堆积如山的指导意见。这些建议中有许多似乎是截然相反的，这令人感到困惑。"我们现在感到手足无措。"他说，"我们怎么可能在日常工作之余，还有时间来接受所有建议并做出改变呢？所以，我只能告诉我的团队，继续做他们觉得最好的事情就行。"

　　戴夫给我看了包含所有出于好意的指导意见的清单，他把它们都记在了一个小小的黑色笔记本上。当一条条看下来时，我发现其中的内容实在太多了。这样看来，戴夫给员工们的建议多少还是有些道理的，否则就会有太多事情要做。

这是一个超负荷运转成为学习障碍的典型案例，它很容易成为提升工作绩效的障碍。

- 你有没有觉得自己的团队似乎只见树木不见森林？
- 你有没有遇到过同事说"我们没有时间做改变"？
- 你有没有觉得自己在一天里似乎没有足够的时间来完成任务？
- 你有没有想过，为什么在你的团队中，有些人能够在高压环境中畅游，而有些却会被淹没？

本章节中包含了什么？

在本章中，我们将研究超负荷运转和其产生的原因。然后我们将介绍一些工具和策略，以帮助你建立规范和习惯，确保你的团队有足够的工作时间、充足的精力和热情来学习和进步。

我们所说的超负荷运转是什么？

超负荷运转是一个笼统的术语，指的是个人或团队由于处理能力的过度消耗导致无法吸收新信息。如果你想让自己体验超负荷运转的感受，你可以尝试坐在三个人当中，同时和他们进行对话。我们大多数人最多只能有效处理和两个人同时交流产生的信息交互。也许你已经想到了某些同事，在喝了太多咖啡后，他们独自就能让你体验到什么是超负荷运转！

同时执行两项或以上的烦琐工作任务亦有可能导致超负荷运转，例如在恶劣环境或陌生区域驾驶汽车时，我们可能会要求乘客停止说话或调低车载收音机的音量，这样就能更加集中注意力。当然，正常情况下，当我们将注意力集中在交谈上或者认真收听电台节目的内容时，驾驶汽车更多是一个机械习惯性的操作。

为什么超负荷运转会成为学习的阻碍？

对于我们这些想要成长和发展的人来说，一个残忍的现实是，学习是需要付出努力的。事实上，学习的过程越复杂，所需要付出的努力就越多。约翰·斯韦勒（John Sweller）将这种耗费精力的活动需要的认知资源称为"认知负荷"。当认知负荷变得过大时，就会出现学习障碍——它的出现可能是有意识的，也可能是无意识的。

在有意识的层面上，这类反应与本章开头对戴夫和他团队的描述相似。他们感到自己无法处理任何新信息，因为他们已经"透支"了。无论他们的自我感知是否准确，这就是他们的真实现状。这可能会产生一种心态，在它的笼罩下学习和提升都是无法实现的，因为个体在学习时自己树立了阻碍，并主动地抵制了对新信息的接收。有时候，只有那些打算从闲暇的私人生活中挤出时间的人才有机会汲取新信息。这种束手无策的感觉不只是学习的障碍而已，它也可能对个人的情绪情感和生理状况产生损害。在许多情况下，我们发现压力和焦虑水平的提高往往会导致更高的旷工率，这就是超负荷运转的结果。

正如我们在前一章中所指出的，这种不知所措的感觉会严重影响信任关系，导致认知偏差。这就是为什么我们坚信，避免超负荷运转是开始有效学习的一个重要方面。我们甚至可以说，我们有幸合作过的每一个成功的组织都会坚定不移地致力于解决超负荷运转的问题，以此来改善工作表现。

超负荷运转也会在无意识的层面阻碍学习。这是由于对新信息的不正确过滤所造成的问题——归根结底还是因为我们没有足够的带宽去处理所有新的学习内容。这导致我们会进行选择性过滤，从而使我们做出错误的理解。当我们被这种超负荷运转困扰时，我们也会倾向于幻想其他人正在和我们用一样的方式解读新的信息。当面对全新信息的时候，我们很容易在其中建立错误但完全符合逻辑的联系。

提问对方"你明白了吗？"或"搞清楚了吗？"，很可能无法真正判断对方是否理解了新事物。他们可能已经理解了，但却与我们预期的"理解"完全不同。一个有趣的案例可以很好地说明这一点。几年之前，参与我们教师发展项目的一名老师告诉我们，他的一个学生曾非常专注地听他讲述了罗马人是如何在欧洲版图上扩张帝国的。但在他布置的历史作业中，这位学生写道："他们之所以被称为罗马人，是因为他们从来没有在任何一个地方待上很长时间！"显然，这个孩子接受了关于这一历史话题过多的信息，对此作出了不正确却又看似完全合理的解释。

超负荷运转的主要成因是什么？

在这一部分中，我们将通过对高绩效团队和正在努力提升自己的人进行分析，研究导致超负荷运转的最主要原因。这将有助于你做两件事情：（1）诊断你自己的团队中可能产生超负荷运转的原因；（2）防患于未然，使你能够防止未来可能发生的超负荷运转问题。

缺乏明确共识

在缺乏明确共识的情况下，团队内部表现变化的风险会陡然增长。这种变化会导致时间和资源被转用于修复或补救由此产生的问题上去。我们采访过或共事过的那些成功提高了团队绩效的领导者一次次地坚持认为，明确的共识是团队绩效得到改进的核心驱动力。其中一个领导者乔安妮，认为投入时间建立明确共识对她的团队产生了变革性的影响。

当她第一次上任时，她意识到她的团队正在承受巨大的超负荷运转压力。这主要是由于团队工作质量很差，他们每天不得不处理大量的问题。团队成员的压力很大，士气也很低落。她采取的第一个行动是后退一步，分析问题的根本原因。所有这些症状都与缺乏对信息的明确共识有关。她意识到，在团队追求卓越的过程中，首要任务就是让大家都能对工作任务保持明确和清晰的认识。

对于那些领导者太过繁忙而没有时间反思和分析的团队来说，要摆脱超负荷运转的恶性循环可能是一个棘手且艰难的挑战。他们要想取得成功，就必须仔细考虑并谨慎应用建立明确共识的工作步骤。

任何一个理智的领导者都不会在他们的团队中营造出缺乏远见、丧失目标、无所事事的氛围。然而，事实是，许多组织和团队的领导者根本不清楚他们需要什么。他们没有投入时间来设定明确的期望。正如一家全球美容品牌的副总裁告诉我们的那样："我们的领导者关注的是任务和结果，而不是创造出具有明确共识的环境。因此，我们的员工必然会因工作而精疲力竭，因为他们被要求做的事情总是在变化。"

此外，许多领导者倾向于对共识的明确程度做出不正确的假设。这些假设却往往基于很少的证据或者根本无据可依，这会导致他们对真实情况熟视无睹。有两个主要因素导致了过于乐观的假设：

1. 复杂程度被低估：在一些团队中，由于存在流于表面的规则和政策文件，人们会缺乏对信息的明确共识。这些文件的内容含糊不清，可能会导致在不同情况下人们对语句含义以及如何处理问题产生错误的理解。很多时候，支撑这些政策的价值导向也没有得到人们的清楚认知。在实践中，这意味着工作的质量主要取决于团队中完成任务的人是谁，以及他们是否理解了任务的要求。

2. 无效的沟通：团队成员之间的对话质量和对话频率具有同等的重要性，对话质量甚至可能更加重要。一个团队可以做到每天都开会，但如果沟通的质量低下，那么误解和困惑仍然可能存在。我们听过领导者抱怨，现实中团队成员经常出差，见面不频繁而导致团队缺乏明确共识。但我们遇到过许多远程工作的团队，他们实际上比在同一个大楼内工作的团队拥有着更高的信息共享清晰度。当领导者和管理者的假设太多，他们很可能会错误地认为自己教导和讲述的与他人学习和理解的是一样的。正如我们在本章前面部分所提到的，我们作为听众所接收到的东西可能与诉说者想要表达的东西完全不同。

案例分析：缺乏明确共识的根源

在一次大型会议上，团队领导概述了未来一个月内所有关键的优先事项，以及每个人都必须照做且没有商量余地的工作内容。质量测试即将到来，每个人都承受着压力，他们要保证一切平稳运行。因为会议已经超时了，所以没有多余的时间来对一大堆必须改善的事宜进行提问和讨论。

后来，在喝咖啡的休息时间，一些与会者开始反思领导所说的话。令他们感到吃惊的是，他们每个人都对需要做的事情有着截然不同的理解。同样，他们对于应该如何在工作中完成必须完成的任务，也没有达成些许

> 的共识。随着重要的质量测试的来临，这种类型的会议被证明是一个非常无效的沟通平台，人们无法在会议中形成共同理解、达成一致认识、产生明确的工作目的。
>
> 你有没有参加过类似的会议，会议中人们获得了大量新信息，却没有任何机会来对它们进行交流、提问、质疑或建立共识？

无效的优先次序

我们已经多次听到团队中的个人悲伤地呐喊："我们根本没有时间进行新的学习！"表面上看，这是缺乏时间的问题，但这通常是对工作的优先次序统筹不当造成的。在一些团队中，这种情况可能是短期或者季节性的，而在另一些团队中，这成为司空见惯的事情。

有两个问题会加重超负荷运转，一是待办事项太多，二是专注于开始新任务，而不是先完成旧任务。如果一个团队或个人不能有效地安排优先次序，试图同时处理过多任务，那么超负荷运转是不可避免的结果。

新手与专家的区别

"大家都在抱怨什么？"这是一位团队领导者的困惑所在。斯图尔特根本没有发现在他的团队中，超负荷运转已然成为一个大问题，尽管已经有反馈表明这种信息过载来自他为团队进行的一项调查。超负荷运转就像是在房间里的大象，是大家闭口不谈却切实存在的问题。这已经成为他的团队学习和发展的一大障碍。

斯图尔特的反应是可以理解的，因为他自己并没有遭受过超负荷工作的痛苦。他低估了自己的专业性在处理工作时所起到的作用。斯图尔特是一个高绩效的工作者，这也是他被任命为团队负责人的原因之一。但相反的是，在他的团队中，绝大部分成员缺乏工作经验，属于低绩效的工作者。他们不太能像斯图尔特那样，得心应手地处理海量信息，也不太能理解斯图尔特的工作模式。

越是缺乏经验和专业知识，发生超负荷运转的可能性就越大——除非管理得当。所以，超负荷运转对学习—绩效模型中，处于阴影区域中的人影响最大（见下图）。当然，他们也是需要改进工作表现的那部分人。

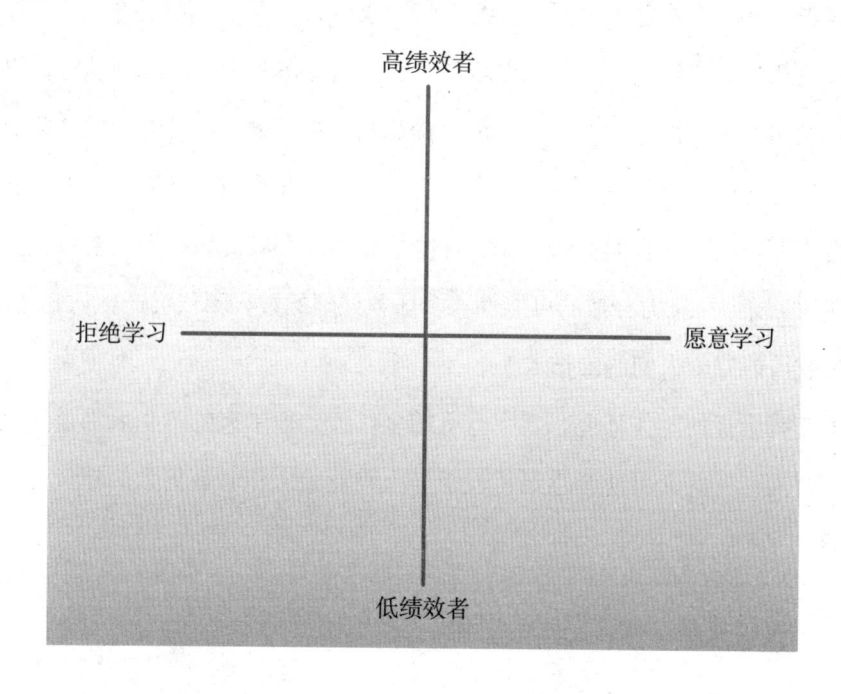

```
                    高绩效者
                       │
                       │
                       │
          拒绝学习 ─────┼───── 愿意学习
                       │
                       │
                       │
                    低绩效者
```

令人分心的环境

对于许多团队和个体来说，导致超负荷运转的一个显著且不断增长的原因与工作的基本性质有关，尤其是工作的环境氛围。大多数现代化的办公场所充斥着各种干扰，人们往往没有机会在工作场所进行反思、研究或安静地专注于一项特定的任务。其中一些干扰可能是人际交往。然而我们发现，主要的干扰因素是使用各种通信技术，例如手机、电子邮件、互联网和其他网络软件等。这常常会导致人们在同一时间内承担多个任务，而且幻想自己在同样的时间里能完成更多任务。

最近的研究表明，多任务处理实际上是一种极其低效的工作方式，实际上还会降低生产率。企业家乔·克劳斯（Joe Kraus）对此抱怨道："我们正在创造一种分散注意力的文化。"在不同的任务之间转换，比如在阅读或撰写报告时试图查看电子邮件，会给大脑造成压力，因为大脑不得不一直重新调整注意力。此外，多任务处理需要大脑做出更多决定，并对处理每件事的优先顺序产生怀疑。你的大脑可能会提出这样的问题：这封电子邮件需要即时回复吗？还有谁需要知道这件事？这封邮件如此简短，是否意味着它还包含更多潜在的、未言明的信息呢？这些争相出现在脑海里的问题会加重人们的压力，增大注意力分散的可能性。多任务处理的过程不仅会产生认知压力，也极有可能降低人们的工作水平。

充满干扰的工作环境和效率低下的多任务处理带来的不幸后果是，到了午餐时间，一些人可能会感到相较于早上刚开始工作时有更大的超负荷运转压力。

不仅仅只是工作，工作，工作

我们必须牢记，我们的同事在工作之外的场合也扮演着重要的角色。他们可能是儿子、女儿、伴侣、父母、朋友或亲戚。这种人际关系网在维持和补充团队中每个人的能量方面发挥着关键作用。但是，当挑战和危机发生时，这些角色也会造成认知压力。丧亲之痛、疾病和人际关系破裂会不可避免地给人造成压力,影响个人的工作质量。

> **对于调查结果的问题与反思**
>
> 我们在第二部分的开始为你提供了一个工具,它能帮助你获取有关三个学习障碍的反馈。如果你已经进行了调查,现在就是反思附录一的问题1—8的答案的好时机。
>
> 超负荷运转在多大程度上成为你的团队学习的障碍?
>
> 你的团队提出了哪些具体问题?
>
> 在调查反馈中,有没有某些方面让你感到惊讶?
>
> 对于那些得到积极反馈的方面,你自己曾在实现这些目标的过程中做了什么贡献?
>
> 根据反馈结果,需要采取哪些关键行动?

减轻超负荷运转的策略

综合上述原因,我们已经确定了三个相互依存的策略,用于减少团队中超负荷运转的影响。首先,团队中需要有杰出的榜样,这样团队成员们才能有明确的共识——他们需要知道期望中的工作成果,以及如何实现这种成果。其次,必须有效地对任务和项目进行优先排序,以便有足够的空间来简化工作流程。最后,需要进行反省对话、提问和积极的倾听,确保每个人都具备学习和采取有效行动的知识、理解和处理能力。我们将在后续的篇幅中更详尽地探讨这三种策略。

树立杰出榜样

为什么有些团队和组织缺乏对"优秀表现"的明确共识？多年来，我们在致力于提高团队的能力和业绩表现时一直在思考这个问题。每当我们遇到缺乏明确共识的问题时，就会有两个问题一而再再而三地反复出现。

第一个问题是，领导者没有对"优秀表现"做出明确的定义。优秀的表现应该是什么样的？为了成为更优秀的工作者，需要遵循哪些原则，经历哪些过程？领导者缺乏明确性常常会造成混乱，导致团队成员看起来很忙但是工作效率低下。

第二个问题是，在领导层内部可能对"优秀表现"有明确认识，但是他们并没有有效地将信息传递给其他团队成员。事实上，要对"优秀表现"达成共识不能只通过单一对话来实现。团队的所有成员，无论高绩效者还是低绩效者，新手还是专家，都需要就"优秀表现"的定义展开持续的对话讨论。

我们收集了一些工具和策略，它们已被证明能够提高团队的统一认识，并能够解决上述两个问题。

1. 通过视觉信息展现卓越表现

一句古老的格言是："一张图片胜过千言万语。"这个观点在认知科学中得到了充分的体现。我们主要通过两种感官途径接受信息——听觉和视觉。用图像展示来帮助语言输入是可行的，因为图像能够例示需要掌握和体现的关键概念和想法。优秀的视觉展示包括插图、决策树、图表和流程图（见下图），以及展示高绩效者的照片、动画或视频剪辑。视觉展示的基本原则是要确保达成优秀表现所需的行为和态度能被完全解构。在此过程中，工作新手和低绩效者可以清楚地了解他们需要复制的思维模式和行为过程，以便与高绩效同行的工作表现水平相匹配。

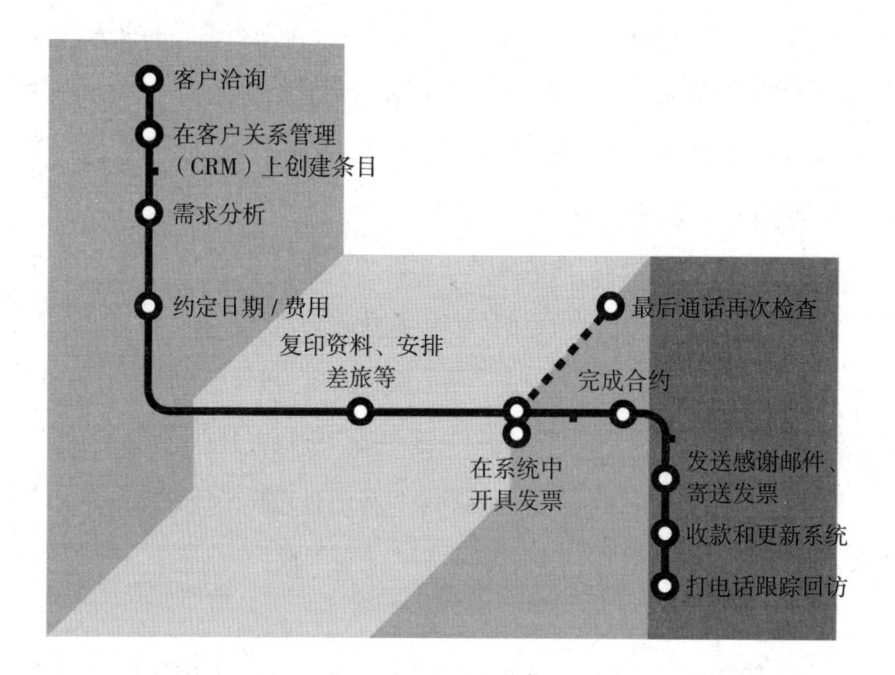

```
客户洽询
    │
在客户关系管理
（CRM）上创建条目
    │
需求分析
    │
约定日期/费用
    │
复印资料、安排
差旅等
    │
在系统中       完成合约 ---- 最后通话再次检查
开具发票           │
                  发送感谢邮件、
                  寄送发票
                     │
                  收款和更新系统
                     │
                  打电话跟踪回访
```

案例分析：树立杰出榜样

　　一群顶级体育俱乐部的新教练非常希望能提高他们对球队进行的视频分析课程的有效性。教练组的负责人想要充分利用这个具有强大潜力的反思和改进工具，于是他拍摄了一位出色教练带领球队进行视频分析会议的样片，然后放映给新手教练们观看。视频中展现的训练质量令这些新手教练感到十分震惊。他们发现，不仅教练和球队之间的讨论焦点比他们更加尖锐，而且球员们的反馈也更加透彻，这种分析最终对球队的赛场表现产生很大的影响。在完成训练课程以后，教练们更加清楚地理解了"杰出榜样"的含义和表现，还知道了自己应该如何成为这种榜样。

当然，在考虑杰出榜样时，最重要的"榜样"其实是你自己。阿尔贝特·施韦泽（Albert Schweitzer）曾经说过："以身作则不是影响他人的方法之一，而是唯一的途径。""以身作则"能体现出我们行为和态度的真实性，并有力地证明了这些标准适用于所有人，不管他们在团队中身居何位。你可以从如下轶事中看出这一点。

一家大型零售连锁商店的区域经理，讲述了她在该公司的一家门店进行质量检查时发生的让她感到羞耻的一幕。在这家公司里，有一条对工作人员在商品过道使用手机零容忍的规定。令人尴尬的是，当她站在收银台旁边时，手机铃声响了起来。这是她的手机——她在来门店检查前忘记关掉手机了！她告诉我们，当门店经理和主管向她投来批评的目光时，她只想找个地缝钻进去。她很快就为自己树立了坏榜样向所有人道了歉。

2. 指明差异

定期为团队创造机会，对杰出榜样和不良表现的案例进行对比，在确保对过程和结果产生明确共识上发挥了关键作用。这可以真正帮助我们揭开杰出榜样的神秘面纱，促进对最佳和不良表现的原因展开丰富的对话和分析探讨，以及需要做些什么来保证在将来能汲取相关的经验教训。

案例分析：对如何营造明确性恍然大悟

一位领导向我们抱怨团队中报告撰写质量的差异："有些人认为他们在写《战争与和平》，而另一些人的报告则非常零散，我甚至需要吃点药才能好好阅读这些报告，将作者的意思拼凑完整。"当我们问他是否曾经向团队成员展示过他认为的优秀报告模板时，很明显，这种简单的解决方法并没有

> 出现在过他的脑海里。意识到问题所在后，他直接走向了复印机，将汇编好的一些优秀案例、反面案例，还有烂得彻头彻尾的报告案例打印出来，供他的团队比较、学习。"谢谢。"他兴奋地说道，"现在我已经为今天下午的团队会议做好了充分的准备"。

3. 分享思考过程

并不是所有构成杰出榜样的东西都是肉眼可见的。与我们共事过的一位领导表示，在他的团队中，卓越榜样的表现中只有10%的基础部分是可闻或可视的。大部分优秀的表现来源于个体内部的思考过程和高绩效者所使用的非语言线索。发声思考是一种训练策略，它使得杰出榜样之所以变得优秀的内部过程透明地呈现给其他人。他们邀请表现优异的员工在执行任务时，大声地分享他们的思考过程、决策策略以及他们的行动和采取行动的原因。

例如，我们可能会对培训师在会议上提出的引人深思的问题留下深刻印象，这些问题使与会代表们的学习达到了更深的层次。然而这些问题只是冰山一角。需要挖掘的是使培训师产生这些绝妙问题的内部思考过程。邀请培训师或其他杰出榜样在会议视频回放时向其他人大声说出他们思考的内在过程，可以帮助其他人理解他们是如何发展自己的意识和技能的。出声思考也可以帮助解释以下元素：

- 是怎样的想法使高绩效者选择了一种特定的策略而不是另一种？
- 高绩效者是如何与客户/当事人/团队参与者建立如此高水平的信任关系，从而使他们能够如此开放和坦率地发言的？
- 高绩效者打造的环境氛围对结果的成功有什么影响？

出声思考能让新手和低绩效者了解在他们的KASH模型中需要做出怎样

的改变。这个过程的透明性使他们能够克服诸如此类的挫折感——他们看到了杰出榜样的行为,却不知道"从帽子中取出兔子"的具体过程。高绩效者的出声思考能够帮助破解出色个体的思维魔法。从技术上来说,出声思考使我们的元认知变得更加明确,即我们是如何思考自己的所想的。它们为专业水平较低的团队成员提供了一个理想的框架,以提高他们的业务表现。当杰出榜样就在我们身边工作时,他们也邀请我们进行更深入的提问,我们都需要知道"你到底是怎么做到的"。

有效的优先排序

"要是我们有更多时间来解决你们发现的超负荷运转问题就好了",莎莉的想法有点让人难以置信。她的团队在工作中苦苦挣扎。他们总是要工作很长时间,但似乎产出并没有提高。仅仅相隔两千米,另一个工作量相当的类似团队正在蓬勃发展。阻碍莎莉团队发展的并不是缺乏时间,而是他们对优先次序的排列不当。竞争对手正在使用的有效优先排序方法,可以帮助莎莉的团队达成明确工作共识,从而提高他们的工作绩效和可持续性。

有许多工具可以用于开发优先排序和工作量管理方面的技能。但有一种方法我们很推崇,就减轻超负荷运转问题而言,它看起来满足了所有的关键要求。它还有一个优点,就是既可以被个人,也可以被整个团队使用。这种工具被称为"看板",它是日本公司为管理工作流程而研发的。"看板"是一个看似简单的工具,它有四个重要原则,这些原则使它与传统的待办事项清单相比具有巨大的优势:

①写下每一项需要完成的任务,这样你就不需要在脑海中记住每一件事,从而释放出认知空间。

②只有在确定了要做的所有工作以后,才能有效地进行优先次序的排列。

③通过确定哪些任务需要立即集中注意力，哪些任务正在处理中，哪些任务可以暂时不处理，从而避免超负荷运转。

④团队应始终将重点放在完成现有任务上，而不是分心启动新任务。

建立自己的看板系统只需要简单的四个步骤：

第一步：将所有需要完成的任务单独写在一张便利贴上。重要的是，要对每项任务的完成用时和最后期限预估一个时间范围。下面是一个例子：

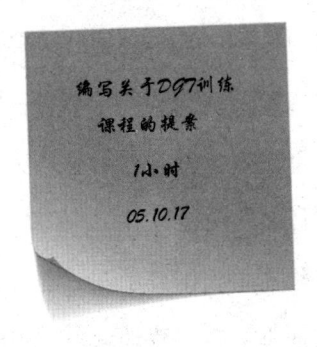

记录每一个任务是至关重要的，绝对没有例外。原因有二：第一，写下每个任务意味着大脑不需要再记住它们，从而大脑能够释放出记忆的空间，任务也能一目了然；第二，有效的优先排序要求所有信息在分类时都是可获得的。

方便贴士：把大任务分割成更小的、更易于管理的任务，然后放在单独的便利贴上会更有效。这是因为小任务所需要的时间更容易被估计。

第二步：使用下面的四栏表格，将所有便利贴整齐得排列在"待处理"一栏中。在这个阶段，你所做的所有事情似乎只是建立了丰富多彩的待办事项清单；不过，它与常见的待办事项清单有着显著的差异。之后你的工作是要从"待处理"栏中选取每天打算执行的各个单项新任务。将来再出现的每一个新任务都要添加到"待处理"栏中。

待处理	进行中	搁置中	已完成

看板处理的优势在于，如果你能按流程正确地使用它，就不可能被淹没在高强度的工作中。每一天，你都要从"待处理"栏中选取任务转移到"进行中"一栏，并告诉自己这些是要在当天完成的任务。在选取任务的时候，你会考虑到具有最高优先级的任务（即那些既重要又紧迫的任务），以及最重要的是，那些可以在这一天可用的时间内完成的任务。如果在某一天，你因为参与会议或其他事务只剩下四个小时的时间来完成任务，那么某个能用四个小时完成的任务就可以被放置到"进行中"一栏。这避免了本章前面提到的多任务处理的问题，即发现自己的思绪总是从一个未完成的任务跳到另一个任务，最终却完不成任何一项任务。

看板处理要求自律，你需要根据展示在"进行中"一栏的任务列表，优先安排当天的工作重点，而不会被"待处理"栏中的其他任务或突然冒出来的任何新任务分散注意力。这个原则可以防止多任务处理延宕任务完成时间的风险。

当团队工作使用了看板后，该团队就会自然形成一种有价值的交流环境，人们会围绕工作的优先顺序和时间分配进行更多深入交流。团队成员和团队负责人每天必须就哪些任务应该移动到"进行中"一栏和哪些任务应停留在"待处理"一栏达成一致的意见。这些讨论包括：

- 任务分配：团队中是否有成员比其他成员承担了更多的工作责任？如果存在工作负担的不平衡，其后果和原因是什么？有团队成员需要交换任务来转变不平衡的状态吗？

- 任务的优先顺序：将新任务移动到"进行中"一栏时，团队采取的优先顺序是怎样的？已经做出的优先顺序安排会产生什么样的结果？

- 正在进行的工作：哪些任务花费的时间比预计更多/更少？这种差异背后的原因是什么？我们能从中学到什么？任何延宕而产生的连锁反应会是什么？

第三步：任何因团队正在等待来自其他地方的消息、反馈或资源而被搁置的任务都将会被放入"搁置中"一栏。这样既可以避免怠惰，又可以防止"进行中"一栏中任务过多造成阻塞。它还可以避免忘记任务的风险。下图就展现了这样的一个例子。由于马克还没有接到CC确认会议日期和时间的电话，所以此任务处于"搁置中"一栏中。

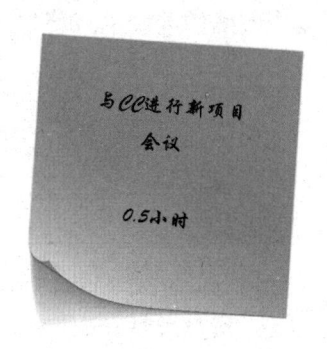

第四步：完成栏。清理工作桌板有一种不可名状的满足感。这种满足感在使用传统的待办事项列表时很少发生。但有了看板，终于完成任务的满足感成为每天的常态，因为每个人或团队的焦点都集中在了清理进行栏内的任务上。在电光火石间，工作就变得易于推进了。毕竟你现在已经可以根据任何一天的可用时间，将任务从"待处理"状态转变为"进行中"。由于工作量已经与团队或个人的能力相匹配，超负荷运转会变得十分罕见。此外，便利贴一目了然的可见性体现出了工作的流动特性，从"待处理"栏移动到"进行中"栏或"搁置中"栏直到"已完成"栏的体验能给人一种满足的进步感。

随着工作的完成，看板处理流程提供了更多反思和讨论的机会。例如：

- 任务的进度落后于计划表的原因是什么？
- 提前完成任务的原因是什么？
- 在完成这些任务的过程中我们学到了什么？
- 我们下次能不能以不同的方式更加有效地处理类似的任务？
- 从结果来看，"待处理"栏中是否有任务需要被重新进行优先排列？

对于那些几乎很少待在一个地方工作的员工来说，他们无法使用实体看板，但也有大量的在线应用程序可供使用，在线虚拟看板能提供相同的功能。许多这样的应用程序都一样能使团队成员共享工作计划。

通过对话建立明确共识

开诚布公的对话在建立更明确的共识上有着举足轻重的地位。正如我们敬佩的一位领导者所说："我工作的核心是确保我与团队每一次的互动，无论是一对一还是大型团队交流，都能促使每个人更深入地思考我们在做什么，我们为什么这样做，以及我们如何才能做得更好。"这种持续对话可以加强：

- 团队中更多的提问和更多的有效行动。

- 对于杰出榜样的含义、外在表现和内涵的深入理解和认知。

- 解构杰出榜样的机会，从而能提高榜样的标准，让低绩效者能够缩小自身与高绩效者之间的差距。

在我们看来，团队领导和团队成员之间的任何互动都是一次会议，不管这个互动是在整个团队中开展的还是一对一的。我们一再发现，那些最能有效减轻超负荷运转的领导者对每一次互动都很珍视，他们会把每次互动都当作培养团队明确共识的宝贵机会。随之而来的结果就是团队极其重视这样的会议，并会对此进行周密计划。

在经济角度来说，这也是合理的。开会是需要耗费金钱的。我们认识的一个团队领导计算得出，团队开一次会议的成本平均是 1200 英镑！他在墙上贴了一张便签提醒他这件事。他清楚，只有好好地规划会议，才能使在会议上的投资获得更高回报。

在最后一部分，我们将探索一些行之有效的策略，团队领导者可用这些策略来提高团队内部的交互质量，特别是在追求明确共识和减轻超负荷运转两个方面。

1. 会前传达

公司组织中的大多数会议都是无效的。会议中呈现的大量新信息会造成严重的信息处理负担。介绍的信息越多，就越没有时间进行有意义的讨论和提问，无法形成共识。减少这种信息过载的有效策略就是提前将信息分发给团队成员，这样他们就可以在开会之前进行预先阅读并提出自己的问题和想法。你不一定需要给与会者发送所有的信息。通常，展示会议的大概内容，简要概述会议要点并稍加解释，就足以让与会者在脑海里进行思考并斟酌出一些问题。

我们最近在与一个团队合作，他们对会议前预先传达信息进行了一个月的测试。他们发现了这种简便方法的巨大优势。在会议中，他们不再因为试图处理大量信息而感到头疼，而是有时间进行讨论，并对接下来的计划步骤做出合理的判断。在完全接受了这种新的工作方式之后，他们一致同意，今后任何报告或演示文稿都将至少在会议开始之前四十八小时分发，以便每个人都有机会提前阅读和思考会议内容。

2. 反向对会议进行计划

"从美好的结果开始反向计划"一直是我们向领导者和团队推崇的准则。从最后开始，通过展望理想的结果，然后向前倒推进行计划，这是真正能确保会议建立更明确的共识的有效办法。

首先请问自己一些值得关注的问题：在时间允许的情况下，这次会议最好的结果是什么？在建立明确共识和减轻超负荷运转方面，真正能让每个人开心接受的是什么？你希望在这次会议中讨论 KASH 的哪些具体方面，以建立更多的明确共识？

当你在计划会议的时候，请你有意识地为充分对话创造机会。这将支持你建立明确的共识，并使你能够及时得到反馈，了解每个人是否都已经对会议内容有了足够的理解。请问问你自己：在这次会议上，我想鼓励大家进行怎样的思考和讨论？下面的一些讨论框架可能适用于多种场景：

• 分析最近发生的一件事。例如，考虑一个导致客户投诉的质量问题，并利用这个机会对问题的原因进行充分反思。对不同原因作出评估，以避免类似事件再次发生。

• 对杰出榜样进行解构。为什么这能成为我们团队处理工作的一个出色例子？是什么样的行为、策略或思考步骤产生了这个出色的结果？

• 将新想法应用于现实情境中。我们的团队如何在日常工作中实施这项新策略？

- 比较和对比。我们正在讨论的两个选项有什么相似之处和不同之处？
- 对选择进行排序。摆在我们面前的这些选择有什么利弊？还有什么其他因素可以帮助我们更清晰地对这些选项进行排序呢？
- 寻找信息预示的趋势。我们面前的信息隐含什么样的趋势？其根本原因可能是什么？
- 分析错误。哪里出错了？是什么原因导致了出错？我们如何才能避免重复犯错呢？
- 将新思想与现有实践相结合。这会如何改变我们的运作方式呢？这与我们已经在做的事情有什么联系或相似之处吗？
- 做出评估/预测。如果我们采取该行动，可能的结果是什么？这些结果对我们的团队又有什么影响呢？
- 从团队中收集关于他们最近实施的新处理流程的经验反馈。

> **问题与反思**
>
> 在最近参加的会议中，哪一种讨论框架可能有助于你获得有关会议中明确共识的更好反馈？

3. 不成计划，计划不成

我们最近采访的一位团队负责人对她主持的一次会议感到懊悔，因为在这次会议上，从后往前的计划步骤并没有得到遵守和执行。她将其描述成双重灾难。当她被问及"双重灾难"指什么时，她说："第一个灾难是与会者完全不清楚我在会议上提出的倡议。第二个灾难是我还不知道他们对此不了解。"

> **问题与反思**
>
> 团队会议在多大程度上提高团队的共识度，减少了超负荷运转的压力？

形成更深度的反思

有意识地为反思和有挑战性的对话安排时间的好处是，它为低绩效者从高绩效者的思维和有效行动中学习提供了结构化的机会。高绩效者很可能已经非常重视反思，并将其转变为了实际行动。这些策略在高绩效者的持续发展中充当了重要角色。留出时间进行反思也会放缓团队的速度，迫使团队成员停止"做"，开始"思考怎么做"。在我们分析过的最高效的团队中，发展和深化明确的共识并不是其本身的终极目标，而是一种不间断的习惯。

梅尔是一个公共部门组织的小团队领导，在激发团队提问和行动方面，她有自己独到的见解。她称其为"咖啡和糕点时间"。一开始，她试图放慢团队的节奏，培养新的习惯。但刚起步，她就遇到了阻力，她听到了如"我们没有时间做这个"和"我们不需要更多毫无意义的团队建设"的反对声。然而，随着时间的推移，每周五下午穿过马路去咖啡店成为团队所期待的事情。这让他们有机会走出单调乏味的工作，反思自己和团队的发展。最初，梅尔用以下这些问题组织会议：

- 本周我对自己有了哪些了解？
- 我从别人那里学到了什么？
- 在这一周中，有什么东西让你感到了好奇？
- 影响你工作的干扰因素有哪些？

- 你的大脑中想到了什么问题？
- 作为一个团队，我们有哪些做得好的地方？为什么？我们是如何做到的？
- 我们有哪些工作做得不好？
- 我们可以做什么来改进？我们还可以做什么不同的事情？

慢慢地，梅尔的会议不再需要这类固定的问题框架，因为这些对话会很自然地发生。当这种慢思考蔓延到办公室并渗透到团队的日常工作中时，梅尔感到很高兴。特别是，团队中两名新来的低绩效成员表示，这些会谈确实有助于他们更好地理解自己的工作职责和与之相关的挑战。

进行预先检验

就如同验尸可以帮助确定死亡背后的原因一样，预先检验旨在防止失败的发生。在这种情况下，我们试图避免由于执行错误决定而造成的"死亡"。预先检验是一个很好的讨论框架，可以提高团队对任何新计划的潜在陷阱的了解，并且它还能加深团队在风险最大领域中的明确共识。"X战略失败了——是什么导致了这种情况发生？"，如果你提出类似这样的问题，就需要团队花时间去找出所有可能有问题的地方。一旦这些可能的问题都整理出来，团队就要着手制定一系列的后续行动/策略，它们将会防止失败的发生。

我们已经将预先检验策略运用到了各种各样的情况中，比如"我们所有新招聘的毕业生都会在一年内离职""这门新的领导力课程将卖不出去""我们改善教学/销售/市场营销的新举措没有被青睐"以及"顾客不再光临我们的商店"。这一策略的关注重点是让团队更深入地思考他们运营中涉及的广泛背景，他们该如何行动，怎样表现，某些行为可能产生怎样的后果，以及最重要的是，他们如何进行更多的分析性对话，以达成更明确的共识。此外，预先检验还可以帮助团队中的专家和高绩效人才向新手和低绩效者分享他们深层次的见解。

> ### 个案研究：热点报告
>
> 约翰已经在消防队工作三十多年了。他在英国和海外带领过数百名消防队员，训练过的人数则更多。他非常喜欢进行热点报告或者事后调查，他认为可以以此为一种工具，在团队内部进行更深入的调查，使未来的行动更加有效，让团队达成更加深入的共识。约翰的热点报告是指在刚刚抢救完的火灾现场为消防员们召开的会议。因为越接近事件发生时点，热点汇报的效果就越好。会议大概能进行十分钟到一个小时的时间。报告迫使约翰的队员们养成每次出现事故后都要反思的习惯。其他团队的领导进行热点报告的次数比约翰少得多。在与约翰一同共事的消防员中，晋升到消防部门领导职位的人数远远多于其他团队。他的团队成员们都认为，约翰对热点报告的坚持产生了持久而深远的效果。

约翰和我们一起工作和采访过的领导一样，他们都意识到了反思性对话成为习惯的重要性。这些惯例尤其对那些没有思考习惯，没有养成"思考我们要做什么"习惯的人来说特别有用。在日积月累后，热点报告和事前检查这类的例行程序和工具可以改善团队中每个人的决策能力。新手和低绩效者能够通过聆听高绩效者的对谈，了解他们的判断、行动和背后的思考过程，再辅以自己的经验证据，快速地了解和学习更多专家同事是如何应对各种问题的。

问题与反思

你的团队有定期反思的习惯吗？

你的团队在定期反思上花费了多大的成本，得到了怎样的好处？

作为一个领导者，你如何建立反思习惯，并让反思得到的新想法作用于行动？

保持工作能力的行动计划
哪些关键的开始/结束行动可以帮助你的团队保持工作能力？ 对于你的团队来说，什么样的开始/结束行动才能称为杰出典范？ 为确保团队的优先次序安排有效，要采取的开始/结束行动是什么？ 在你的团队中，通过对话建立明确共识的开始/结束行动是怎样的？ 为了确保超负荷运转和缺乏明确共识不会成为你的团队的学习阻碍，你能付诸实践的关键行动是什么？
开始行动
结束行动

第四章
低关系信任

2001年，伦敦泰特现代美术馆，保罗·奥黑尔（Paul O'Hare）这位来自利物浦的油漆匠和室内装修工坐在马克·罗斯科（Mark Rothko）最后的画作前，情不自禁地开始哭泣。就在几周之前，他参加了一个名为《火眼金睛》的电视真人秀节目。该剧荣获两次英国电影学院奖和一次国际艾美奖。这个节目的核心内容是，一个来自特定行业的嘉宾被要求冒充成另一个行业领域的专家。例如，一位英国萨默塞特郡的牧师要说服别人相信他是一位来自埃塞克斯郡的二手车经销商，一位朋克摇滚乐手假扮成了一支著名管弦乐队的指挥，还有一位剪羊毛的工人放下了剪羊毛的推子，在美发沙龙里拿起了理发刀。保罗·奥黑尔的任务是，他必须尽快学着成为一个概念艺术家。每个参与者都有三十天的时间从他们的个人导师那里尽可能多地了解他们所要成为的职业。导师的工作就是建造一个虚构的KASH模型，这样他们就可以在很短的时间内成为一个专家。

劳拉（Laura）是保罗的导师之一，她是一名艺术家。在两天的辅导时间里，她带着保罗去泰特美术馆参观了不同艺术家的作品，其中之一就是马克·罗斯科的一幅名为《黑灰图》的油画作品。在外行人的眼中，这幅画作不过就是灰色条纹上有一条黑色条纹。保罗当时也对这幅画不以为然。但十二天以后，当他以不同的角度看待这幅画作时，他告诉劳拉："我看到了，我看到了情绪。"

保罗通过和《火眼金睛》中的导师们一起共事，学习和提高了自己的艺术能力，之后他和四位已经有多年绘制和售卖作品经验的艺术家一起展出了自己的作品。保罗在节目中大获全胜，因为他完全欺骗了甄别参赛者的评委会专家们。保罗的一个关键成功因素是他和导师之间的关系。他们逐渐建立了越来越深厚的信任关系，形成了良性发展的循环。这些信任关系帮助保罗快速提高了他的能力，以至于足以蒙蔽专家评委，并且这个关系还会产生长远的影响。

节目结束后不久，保罗辞去了油漆匠和装修工的工作。他顺利攻读完了一个学位，这是他第一次获得学历认证，这之后他成立了一个室内设计工作室。迄今为止，他已经能靠全职的室内设计工作和出售自己的艺术品谋生，其中一些作品可以卖到数千英镑。保罗和劳拉作为学员和导师，他们二人的关系建立在信任的基础上，这解锁了保罗过去从未意识到的东西——他具有超出他想象的学习能力。

本章节中包含了什么？

首先，我们要评估低关系信任对团队接受学习的意愿有什么负面影响。然后，我们将一同思考你的团队内部的关系信任强度。最后，我们将探索建立牢固关系信任的关键因素，并寻找行之有效的策略，用以维持确保你的团队能够保持开放学习态度的高信任关系。

我们所说的关系型信任是什么？

在这本书中，"关系型信任"（或"关系信任"，relational trust）是指两个或多个个体间的相互联系，它足以让这些人发觉他们可以完全地敞开心扉面对他人的询问、挑战和反馈。它有别于单纯的信赖，因为它具有一个关键的互惠性维度。我们在本书中选择使用"关系信任"这个术语，是因为倘若你试图建立一个开放型的学习团队，那么关心信任需要存在于所有成员之间。它就如同一个道路交通中的环岛——为了让车流连贯通畅，所有的司机必须相互信任。相较之下，单纯的信任更像是一条单行道。我们可能要在手术中信任我们的医生，但他们不必反过来也信任我们。

保罗和他的导师劳拉建立起来的关系信任，在他从低能力表现者发展成为高能力表现者的过程中起到了关键的作用。渐渐地，保罗能够承担更多的风险，提出更多的问题，且丝毫不用畏惧劳拉会如何看待他。同样，他也更愿意聆听来自劳拉的反馈和教诲，随之采取行动。因为他相信劳拉的反馈是准确的，能帮助他提高。对于劳拉而言，她愿意投入时间去指导和教授保罗，因为她相信保罗会听从她的建议，不断将这些建议应用于新的学习过程中，且不会放弃学习。如果没有这种关系信任，保罗很可能依旧在粉刷和装饰房屋。

保罗在劳拉的支持下得到了发展是一个令人欣喜的故事，它揭示了我们为什么把关系信任看作一个真正的开放型学习团队中的"粘合剂"。这种粘合剂不仅将领导者与团队紧密联系在一起，还把各位团队成员也紧密联系在了一起。有了牢固的关系信任，即使在面临变化、挑战或挫折时，开放的学习型团队也能凝聚在一起。我们曾经合作过的团队之所以能在通向卓越的道路上攻坚克难、穿越逆境，就是因为他们缔造了强有力的关系信任。

- 你有没有发现，低关系信任是团队中的一个学习阻碍？
- 你是否想了解造成低关系信任的原因和后果？
- 你是否想知道哪些因素可以增强这种团队的"粘合剂"？

如果你对以上任何一个问题做出了肯定的回答，那么你肯定能从本章中找到一些观点，对你的团队关系产生正面的影响。

为什么低关系信任会成为学习的障碍？

回想一下你过去的工作生活，你可能会发现两种截然不同的同事关系——一种是你享受高度信任的关系，另一种则是低信任关系。请就这两种关系依次思考以下六个问题：

1. 那个人是谁？
2. 你们的工作关系如何？
3. 你们之间的沟通能达到怎样的诚实、开放程度？
4. 对你们来说，这段关系让你们感到费尽心力还是精神奕奕？
5. 你们一起解决问题的效率如何？
6. 你们之间多久会发生一次误解，又是如何处理的呢？

当你思忖和每个人的关系时，你会发现自己可能会微微一笑，也可能眉头紧皱。请你花一点时间来思考一下，这个练习对你弄明白关系信任的力量有哪些帮助。

纵观全书，我们始终认为 REFRESH 品质是接受学习的关键。如果团队内部的关系型信任较弱，REFRESH 的核心方面就会受到损害，并对学习造成潜在的深刻损害。我们认为，下表列举的问题可能与你在前面练习中的一些反思相同，其中 REFRESH 的某些特定方面可能已经受到了低关系信任的破坏。

受影响的 REFRESH 品质	低关系信任可能造成的影响
学习韧性——为提高自己和他人的工作表现而坚持不懈的意愿	• 遇到挑战或挫折时缺乏毅力 • 有将责备和错误归因于外部因素的倾向 • 因为害怕在公共场合失败而错失发展的机会
探究能力——对事情的完成方式以及如何使用这些方式表示好奇	• 缺乏提出问题的意愿，因为可能会担心提出这些问题会被怎样看待 • 担心问题是否会被听到和得到解决 • 怀疑好奇心的价值和提问所需的勇气 • 认为问题只发生在提出问题的人身上，而不会发生在自己身上 • 有操纵他人提问以达到理想结果的倾向
渴望反馈——为了弄清哪些学习差距已经缩小，哪些方面仍然存在，需要坦诚地相互接受和给予反馈	• 对接受和采纳那些有用却带有挑战性的反馈存在防御心理 • 不愿向他人提供真实的反馈，因为担心他人对反馈的看法
反省改变——愿意评估新知识，并使你现有的思维模式适应它	• 不接受新想法 • 抵制变革 • 缺乏对重新评估运行方式的持续性对话 • 可能会产生一种无意识偏见，比如光环效应或者喇叭效应（见第二章）
愿意共享——协作学习：积极参与讨论，努力提高整个团队的学习水平	• 很少分享想法和对话 • 解决问题时较少协作 • 缺乏明确共识

考虑到这些潜在的负面因素，低关系信任可能成为团队内部学习的顽疾沉疴就不足为奇了。这也提醒了我们保持高关系信任的重要性。

对于调查结果的问题与反思

在附录一中，我们为你提供了一个工具，它能帮助你获取对团队中三个学习障碍的反馈。如果你已经进行了调查，现在就是一个反思问题 9—16 的答案的好时机。

低关系信任在多大程度上成为你的团队的学习障碍？

你的团队存在哪些具体问题？

反馈的哪些方面让你感到了惊讶？

对于那些得到了积极反馈的问题，你曾做了什么贡献？

团队和人员会随着时间而产生变化。定期重做调查是一个好习惯，也许每六个月可以重做一次调查，看看你的团队中关系信任是变强了还是没有变化。如果你重新做了调查，还需要考虑三个更深层次的问题：

自上次调查以来，关系信任是如何改善或恶化的？

为什么会有这样的结果？

某些团队或个体间是否仍然存在关系信任的持续缺失？如果是这样，缺失出现在哪里，又是为什么呢？

关系信任对学习如此重要，那么领导者如何培养和维护团队高度信任的环境氛围呢？这个问题促使我们对那些已经做到这一点的领导者进行分析。尽管这些领导者在领导风格、行业和工作内容方面有着诸多不同，但他们具有三大关键的共同点：他们培养了员工对他人的高度个体尊重、对他人的高度职业尊重，他们树立了杰出领导力的榜样。

这三个因素使他们能够在自己的组织内创建强大的团队，在这些团队中，无论是从职业角度还是个体角度，每个人都能够感受到被重视和被培养。本章接下来的内容将会提供关于这些品质的更多细节，以及一些确保关系信任保持强大的实用策略。

对他人的高度个体尊重

"我该相信这个人吗？"

影响这个问题答案的核心因素是：个体是否展现出了对"我"的尊重。个体尊重是指别人是否把你当作一个值得尊敬和重视的人。对于那些有时会在繁忙的工作中被遗忘的人来说，这是他们的基本诉求。当个体尊重存在时，它通常被认为是理所当然的；事实上，当团队存在高水平的个体尊重时，个体一般不会对此发表评论。但是，当团队中缺少个体尊重时，人们却会有强烈的感受，并且这种尊重的缺失往往会引起所有人的不满。接下来，我们将探索切实可行的方法，以确保高水平的个体尊重不会被忽视，并使之成为团队内部的重要规范。

无条件积极关注

"无条件积极关注"这个短语是由人本主义作家和思想家卡尔·罗杰斯（Carl Rogers）创造出来的。他提出，为了发展与他人的信任，重要的是要无条件积极地看待他们。无论他们说什么或做什么，我们都要对他们有一个基本的尊重和接纳。对于大多数人来说，这或许是一个巨大的挑战，因为这要求我们无条件地尊重他人，并抑制住对他们先入为主的认知和判断。

一个渴望在工作场所形成个体尊重氛围的组织，邀请我们和他们的员工一起制订一个"无条件积极关注"的设计方案。在我们的支持下，该组织制定了一套非常具体的实施准则，他们选择在工作场所中遵循以下七种行为准则：

1. 当你谈论任何不在场的同事或团队成员时，请假装他们在场，并用能使他们感到舒服的方式来谈论他们；

2. 当你在大楼里与同事擦肩而过时，请你微笑向他们致意；

3. 不要在别人说话时打断他们；

4. 在开会或者和别人交流时，请不要看你的手机；

5. 向同事索要物品时，一定要说"请"和"谢谢"；

6. 用你希望别人尊重你的方式去尊重别人；

7. 认识到我们对他人的消极成见是会给他们带来影响的。

这个组织投入"无条件积极关注"上的付出得到了回报。它为人际间的尊重创造了一种共享语言。人们采纳了这些准则并积极履行它们；当他们偶尔忘记时，会得到温和善意的提醒。该培训是在2008年进行的，直至今日，这些准则仍然是所有新员工入职培训的一部分，最重要的是它们改变了过去脆弱的关系信任。它们也是一种警示，提醒我们避免在日常行为中对他人的无意识偏见。

人格结构五因素模型

在团队中建立个体尊重的关键是，确保每个人都认识并接受其他人有与自己不同的看待世界的方式。正如克莱夫·斯特普尔斯·刘易斯（C. S. Lewis）所言："你的所见所闻在很大程度上取决于你所在的位置，也取决于你是什么样的人。"通过在团队中建立这种理解和共情，我们可以更好地预测他人的需求，并了解如何能最好地与他们一起工作。

有许多模型可以用来收集和洞察周围人们的人格类型，类似迈尔斯－布里格斯类型指标（MBTI）、DISC 性格测试和九型人格测试（Enneagram）。在组织中了解成员的性格类型有非常实用的作用，它能帮助我们意识到我们都有不同的天赋，我们都是从不同角度和不同阶段认识这个纷繁复杂的世界的，我们的动机也多种多样。换句话说，我们能知道生活的世界并不是千篇一律的。

为了探索这一点在团队发展中的重要性，请思考你和你的团队在人格结构五因素模型（OCEAN）中的位置。这个模型衡量的是个人性格与五个因素之间的关系，这五个因素可以绘制成从高到低的统一图形。重要的是要认识到无论个体身在图形中的哪个位置，他们都有自身的价值。换言之，这里没有对错之分，也没有好坏之别。而且，我们中的许多人可以通过学习技术和行为，在不同范围内开展工作，可是我们会更加紧密地联系在一起，在某一位置时受到激励而更加充满干劲。这些因素分别是：

- **开放性**（Openness）。在报告中展示出高度坦率开放特点的个体更倾向于冒险，他们富有创造力，并且愿意尝试新事物。那些不够开放的人则倾向于例行现有的日常事务，并且更倾向于规避风险。因此，他们对改变感到不是那么自在，尤其是在没有明确原因的情况下。

- **尽责性**（Conscientiousness）。那些在这个维度上处于高程度的人通常会将工作做得细致周到，将个人的时间安排得井井有条。他们通常是高效的工作完成者或终结者，可以按时完成任务而不被目标之外的事物所干扰。这些人喜欢有一个固定的时间表。反之，那些不够尽职尽责的员工则更容易冲动，很难适应常规和固定的框架。因此他们更愿意挑战权威和现状，尤其是当他们认为存在更好的选择时更是如此。他们会更倾向于灵活的工作方式。

- **外向性**（Extraversion）。性格外向的人往往具有向外发展的特征。他们通常是谈话的发起者，所以更有可能喜欢结识新朋友。他们可能会从其他人的陪伴中获得力量，乐于成为关注的中心。不过有时候，这些人可能会忽视不假思索、滔滔不绝的风险。那些不太外向的人则往往比较高冷，具有更加深思熟虑的处事方式。他们可能会仔细斟酌自己发表的言论，他们参与讨论的内容通常是仔细推敲过的。这些人在复杂的社会环境中不太适应，更倾向于进行独立的学习和研究。

• **亲和性**（Agreeableness）。善良、合作、关心和体贴是这个维度中得分最高的人的特质。他们倾向于表现出支持和理解他人的强烈意愿。他们非常重视别人的感受。那些在这一方面得分较低的人则更具有竞争感，并可能缺乏对他人感受或困难的同理心。这可以表现为在必要时，他们更愿意向同事传递"难以开口的信息"，并如实地提供反馈。这群人能够得心应手地向他人分派任务。

• **神经质**（Nervousness）。那些在这一维度得分较高的人可能会担心会议的最后期限以及是否能达成目标。这往往是由于他们非常想把事情办好。这些人在事情的潜在问题和困难发生之前就可以很好地将它们预测出来。而在这一维度处于另一端的人往往情绪更加稳定，能更好地管理压力。他们很少担心或忧虑。

通过假设人与人之间存在差异性，我们可以带着积极的好奇心去发现这些差异。理解不同的人格本质意味着人们可以更好地理解他们传递给别人的印象，以及为什么别人与自己不同。因此，他们能够意识到多大程度上可能存在冲突、误解和不信任，又或者当这些差异被控制得当时，会产生多高的创新性和学习能力。

当你的团队使用这个模型时，可以通过一系列有效的阶段性工作让个体去发现哪些人格因素最能代表他们。

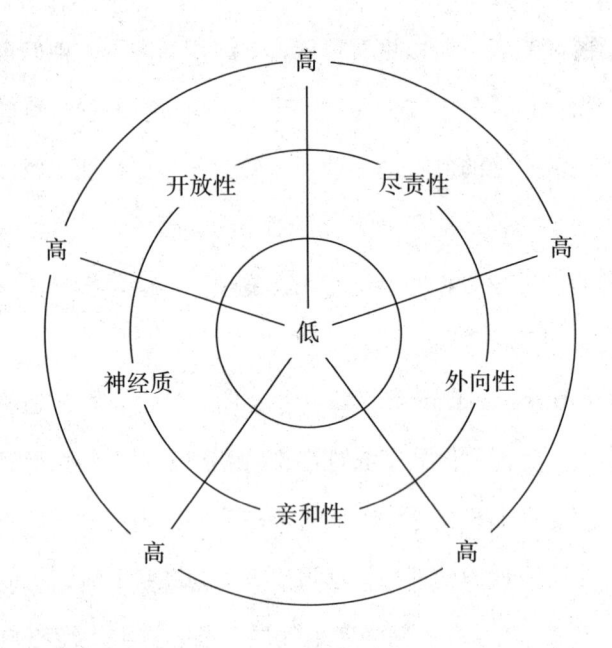

```
           高
      开放性    尽责性
   高                  高
           低
      神经质    外向性
           亲和性
      高          高
```

第一阶段：分享和拆解五个人格因素

与你的团队成员分享这五个不同的人格因素，并讨论每个因素从高到低水平连续变化的概念。利用工作中的实际例子可以有效帮助每个人理解这些人格因素。

第二阶段：自我判断

为团体中的每个成员提供十分钟左右的时间来自评，让他们阐述这些因素在他们自己身上的体现。你可以创建一个自我测评圆环工具，用以图形化地演示个人的评分情况。

第三阶段：别人的评价和自我评价是否一致

注意：这个阶段最好首先提醒每个人无条件积极关注的重要性，这样就能为所有人的开放讨论营造一个恰当的环境。

在每个人都对照这五个因素进行了自我评测后,把团队分为三人一组,给每个小组十分钟时间,这样每个人都可以分享他们的自我评价,并从小组其他成员那里获得反馈,看看他们是否以同样的方式看待自己。如果别人的评价和自评存在差异,要求小组对体现某个特定的人格因素的具体案例进行讨论。比如,一个人可能认为自己的外向性不高,而他的同事可能会指出在一次和潜在客户的会谈中,他们怎样深思熟虑,考虑周全,而这一点成为获得成功的关键。

第四阶段:站在别人的角度看问题

作为一个团队,我们继续研究人格特质的组合造成不和谐的可能方式。请让大家围成一个圈,分享一个设定的工作场景,在这个场景中两个员工在某个特定的人格因素(例如开放性)上处于两个极端。然后让团队成员站在那位处于高开放性的成员的角度回答:这个人是如何看待这种工作场景的?接下来,再要求他们站在低开放性成员的角度回答这个问题。

在这个过程中,以下四个问题值得思考:

1. 每个人对同一个工作场景的看法有多大不同?
2. 他们两个人可能会在什么情况下产生摩擦?
3. 如果没有对彼此差异的理解,他们会怎样相互令对方感到沮丧挫败呢?
4. 能够站在不同的角度看问题,让我们的团队在哪些方面有所收获?

让个人通过与自己完全不同的人的眼光来观察世界,或许会让人们产生更多的启发和觉悟。

> **案例分析：为同事交流腾出时间**
>
> 蒂姆是一位领导者，在我们刚开始和他一起工作的时候，他就坦承自己在"亲和性"方面的得分很低。他说："我没有时间在工作中闲聊，我来工作可不是为了社交的。"然而，当他考查团队成员的人格特质时，发现他们大多处在相反的另一端。在接下来的一段时间里，他回忆道，有意识地投入时间与团队进行日常交流，可以对他们的士气产生巨大影响："现在我的团队对我和我提出的建议的接受度有了大大提高，他们开始把我当作和他们一样的普通人来看待。"

通过不同的角度看世界，也使人们意识到他们可以把自己身上的东西投射到别人身上：人们在看别人时，看到的不只是他们现实的样子，还有他们认为的样子。从我们自己的角度来看，我们的行为似乎完全正常。但是，如果我们从别人的角度来看待自己，我们很可能希望改变一些自己的行为。慢慢的，我们可能会发现，在为人处事和自我表达时，我们能更好地发现不同的观点和可能性。在上一个案例研究中，蒂姆就意识到了这一点，并对此作出了改变，获得了很好的结果。

第五阶段：确认别人的需求

最后一个阶段是要求团队确定每个类别中不同得分个体的需求。例如，报告自己在神经质方面程度高的人群存在怎样的需求？我们如何才能与其合作达到最佳状态？那个人需要我们做什么？团队中是否存在这样的例子：身处某项因素两个极端的成员达成了积极的合作？通过对他人的更深入了解，可以令人们产生同理心和更强的个体尊重。

> **问题与反思**
>
> 你的团队成员在多大程度上表现出了对彼此的高度个体尊重?

对他人的高度职业尊重

职业尊重是指个人作为雇员感到被重视和被支持的程度。当人们的职业得到了高度尊重时,他们会觉得自己正在作为群体的一分子而工作,在该群体中存在着旨在发展个体的 KASH 的开放和有效的交流。与将职业尊重视为优势的组织合作,我们总结出的经验是,职业尊重来自以下要素:减轻超负荷运转;认识到个人的进步;提供成长和发展的机会;促进信任的沟通。

减轻超负荷运转

在第三章中,我们描述了超负荷运转和缺少明确共识是学习障碍的两个表现形式。展现职业尊重的一个关键方面就是,在日常工作中避免让个体承受过多信息而感到压力过大,并由此产生倦怠体验。

几年前,我们与一个工作氛围非常紧张的领导团队共事,我们合作开发了一个减轻超负荷运转的精巧的方法。结果就是,如今,每当评估新策略时,他们都会要求自己审慎考虑所做选择和决定对负荷量的影响。如果新的策略会给团队带来更多的工作,他们会问自己:为了腾出时间完成多出来的工作,我们要让团队少做哪些工作?这些反思使他们在实施变革时变得更加谨慎,并为评估团队效力创造了宝贵的机会。他们经常问的一个问题是:我们如何通过不断改进运作方式获得更好的结果?

注意并认识到他人的进步

在快节奏的工作环境中，不断关注改进措施和目标，个人的自我成长就可能会被忽视——这它是建立高度职业尊重的重要因素。

在我们的分析里，那些创造了高关系信任环境的领导者倾向于对同事的工作进步保持一种习惯性的关注和认可。一位领导者言简意赅地表明："我的工作不只是关注团队工作表现中的差距，还要注意人们为缩小差距所付出的努力。"对个人进步缺乏关注的同事和管理者会招致同事的怨恨或让员工产生离群感，这会导致员工感到挫败、抗拒和退缩。总之，对进步的肯定是对个人寻求鼓励的满足，并能使这种行为得到加强。

对一些领导者来说，注意和认识到团队成员的贡献是一种已经发展完备的习惯。对于另外一些人而言，将这个习惯加入他们的看板列表，将其作为一种理想和期望的行为是很有意义的。

个案研究：注意的力量

"这让我在周六早上露出了灿烂的笑容。"简在收到团队领导者寄来的感谢卡之后产生了这样的反应。领导者的感谢源自她一周以前的一个行为，在和一位咄咄逼人的顾客交涉时，她避免了事件的持续恶化。寄送感谢卡的行为并不是只有这一次，这是这位领导者的习惯。他知道通过注意和认识到他的团队在提供优质服务方面所付出的努力，能体现出他对员工们的职业尊重，这是非常重要的。他的团队都非常重视这一点，每一次的员工调查都表明，

> 他们的高绩效表现得到了认可。
>
> "对表现的认可"可以是寄送出的一张卡片，可以是每周例行对团队成员的点名表扬，也可以是喝咖啡时突然想到的感谢。无论哪种认可方式，对好的工作表现进行关注和表扬都大大有助于建立起信任关系。

提供有效的成长和发展机会

在团队中树立职业尊重的关键是确保员工有机会获得有效满足其需求的职业发展学习机会。在第三部分中，我们会提供一个清晰详细的方法，用于设计和实施有效的学习项目。然而，学习和发展的机会不仅需要正式的学习计划，许多职业上的学习是发生在日复一日的会议和团队讨论中的。事实上，在第三章中，我们已经展示过有效的对话和反思可以成为学习团队日常习惯的一部分。

激发信任的沟通

建立关系信任很像高塔建造类游戏——积木层层叠。它可能需要很长时间来建设，但是完全摧毁它却只需要不小心的一瞬间。因此，双向沟通需要两个互补方面兼具：交谈能力和倾听能力。

这里有一些想法可以帮助你进行更有效的沟通，在不损害个人关系的情况下建立职业尊重。当然，你可能认为自己的沟通能力已经足够好了，但附录一中调查问题的结果将帮助你了解你的认知是否真的正确。

直言不讳

直截了当的谈话意味着你清楚自己的对话内容和内部思维的过程，并能使其一目了然，能让别人知道你是怎么想的。所以请扪心自问：我注意到了什么？我有什么想法？我有什么感觉？我在做什么样的假设？然后把这些观点清晰透明地传达给你的同事或合作者。把你内心的喋喋不休变成清晰的对话，别人就不需要对你进行读心术了。当你能开门见山地与别人进行交流，他们就能充分理解你的观点，在此基础上思想碰撞，迸发灵感。在一对一交流或者开会时，也请你邀请别人使用同样的步骤进行交流。

当团队领导者向大家明确介绍了直言不讳的概念，对此建立了交流框架，这种方式又得到了团队成员的采用后，它可以打破许多隐藏的议程，并允许每个人公开自由地谈论他们的想法，讨论热衷、关注和焦虑的事物。特别是，它有利于形成一种成年人间的交流方式，这种方式把经验和地位放在一边，避免了陷入家长式的领导模式。它还增强了独立思考和责任感，减少了依赖性和消极反抗的防御心理。

我们必须促进这样一种文化，在该文化中，团队成员相信他们的投入、质疑和其他观点（不管你赞成与否）都会被视为对有价值的学习和改变的创造性贡献，而不会遭到拒绝或蔑视。直言不讳的交流方式使每个人都能直接地表达自己的想法，而不会显得粗鲁或过于强势。

行为反馈

鼓励每个人对"行为"而不是"身份"提出反馈，且自己要先建立起这种反馈模式。这意味着什么呢？如果有人对你说"你是一位出色的演讲者"（身份定义），这虽然听起来不错，但却对你毫无帮助。如果他们说"我喜欢你给我水平直视的目光交流，这让我有了一种融入感"，你就会知道他们欣赏的是什么具体的行为和举动，你也能为此而继续努力。把行为和身份区分开来，就像你可能对孩子说的"我爱你，但我不喜欢你做某件事"。

在给出行为反馈时，无论你的反馈是积极的还是质疑性的，表达你的情绪反映并提出额外的建议也是很有价值的。在这种情境下，你可以使用一个很有用的句式来表达意见："当你做 X（行为）时，它让我感到 Y（情绪），我建议/我更喜欢的是 Z（额外或不同的行为建议）"，举个例子：

• 当你要求我对你的表现进行反馈时（行为），这让我感到很兴奋（情绪），因为你很愿意接受反馈，而我的建议是，你可以尝试……策略（额外或不同的行为建议）。

• 当你不向我寻求反馈时（行为），这让我觉得有一点焦虑（情绪），因为你好像不太热衷于提高自己的工作技能。然而我更希望我们可以每周二早上十点见一次面，看看事情进展得如何（额外或不同的行为建议）。

这种交流最好以询问对方对你反馈的看法来结束。关于如何创建一个高质量的反馈环境，在第五章里有更多的介绍。

积极倾听

积极倾听体现为各种各样的形式：做笔记、提问题、复述对方的话来检查自己的理解是否正确、在说话之前先聆听、若不是万不得已就不要打断别人。如果发言者没有表达清楚，请温柔地让他们总结一下自己的想法，例如，"你能再说一遍三个主要的问题是什么吗？"或者"能请你简单地概括一下吗？"

积极倾听是表达个体和职业尊重最有力且最优雅的方式之一。

这里有一个用于积极倾听的练习，你可以和同事一起尝试：

1. 两人一组（A 和 B）。
2. 让 B 离开房间在外等候。
3. 告诉 A 要持续听 B 进行 90 秒钟的讲话。A 要在前 30 秒积极倾听，然后在接下来的 30 秒故意表现出失去倾听的兴趣，最后在末尾的 30 秒重新表现出积极倾听的态度。

4. 在房间外面，告诉 B，让 B 回想一些在过去六个月里经历过的积极的事情。B 有 90 秒钟的时间向 A 诉说这些事情。

5. 邀请 B 回到房间里，让所有配对的成员同时开始讲述和倾听。

6. 在 90 秒结束的时候，问问 B，A 在倾听时候的行为变化让他们有什么感觉。

7. 要求 A 和 B 列出一份能形成积极倾听的要点清单。

我们会发现这个训练活动非常有用。在非常短的时间内，每个人都能领会到好和差的倾听之间存在怎样的区别，并能共同创建一个积极倾听的标准清单。

直言不讳和积极倾听都能提高关系信任的程度。它们为诚实、开放和透明的交流开辟了康庄大道，它们能节省时间，保证每个人都能表达自己的观点并得到尊重。

领导力榜样的重要性

现在，我们将考虑建立更强关系信任的最后一个方面：通过塑造与他人建立牢固关系信任的品质来提高你的个人和职业信誉。

其他人对我们信誉的看法将影响他们对我们信任的程度。人们会问自己："那个人的建议值得听吗？"或者"他们关于前途的分析对我而言有用吗？我可以采纳吗？"因为我们事业的成功很可能取决于我们"认识他人能力"的能力，所以向正确的人提出正确的问题是很有意义的。

你是否会被提升，评为领导者，取决于你在职业角色的各个方面中表现出来的能力，以及你自身的信誉和可信任度。事实上，能力和信任是不可分割的。正如《信任的真相》一书的作者戴维·德斯蒂诺（David DeSteno）教授所说："即使每个人都喜欢你，你也必须要有足以被他人信任的能力。"对于任何团队来说，这都是关系信任"粘合剂"中的终极基本要素。

> **案例分析：榜样——这是一份全职工作！**
>
> 吉姆是一位和我们共事多年的领导者，在培训其组织中才崭露头角的负责人时，他遇到了一个很大的问题。他问他们："你的行为和肢体语言在表达你所说的内容之外，还传递出了什么信息？"他想要让他指导的人进行思考，让他们知道，要成为别人的榜样，需要注意言行的每一个方面。"成为榜样"不是一份兼职。这是我们一直在做的事情，不管我们喜欢与否。

除了对他人个体和职业的尊重，我们还需要在领导力榜样中建立哪些关系信任的基本品质呢？我们非常喜欢一位领导者在伦敦的一次会议上边喝咖啡边与我们分享的"个人承诺"。当时，我们正在讨论关系信任，她从西装口袋里拿出了一张看起来像是名片的东西。事实上，这是她自己印制的一份承诺卡，她会以此来提醒自己成为领导力榜样是多么重要的一件事。她还告诉我们，每当她的团队中有人离开，担任其他的领导职务时，她都会给他们一份复印的承诺卡。

这张卡片提醒着她，在所有工作中必须无条件、清晰透明地建立起杰出的领导力——无论是和前台接待员的沟通，和团队一起参加正式或非正式的会议，和高层领导的接触，还是和客户的往来。

她的卡片给了我们启发，让我们根据自己的经验和研究，以及我们对那些建立了高度关系信任的杰出领导者的观察，来列出一份我们自己的领导力清单。我们邀请你根据以下原则，制作一张属于自己的承诺卡。

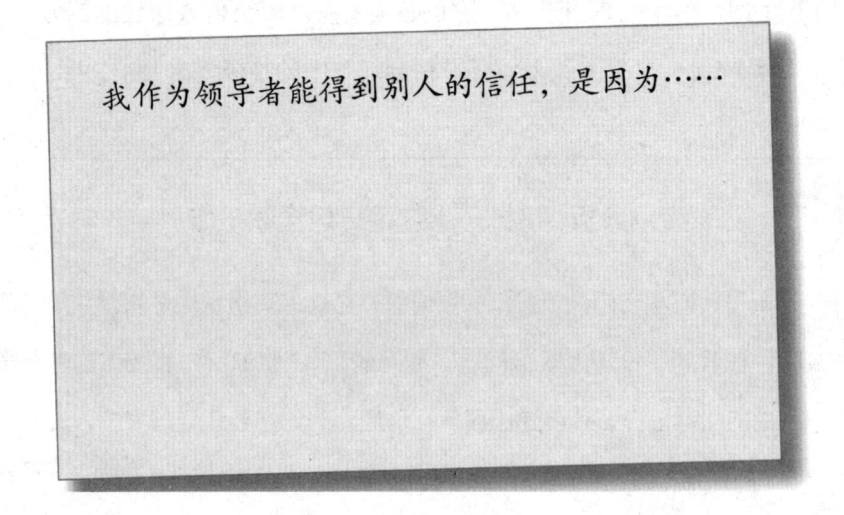

> 我作为领导者能得到别人的信任，是因为……

表现正直

正直是通过诚实、道德判断和个性特质来体现的。建立了高度信任的领导者证明了他们可以明辨是非，并且这种是非观指导着他们的所有行动，包括他们的决策和处理关系的方式。例如，他们是开放和真实的，不会刻意隐藏信息或进行暗箱操作。对自己正直品质的一个很好的测试方法就是，通过扪心自问来衡量自己的行为处事：如果是我自己被这样对待，这是否公平？

纠正错误

领导者有时也会犯错误。当出现错误时，具有高信任度的领导者懂得表现谦卑的重要性，他们要承认错误，迅速道歉，并修复任何已经造成的损失。这些领导者明白试图掩盖事实或将错误归咎于他人，会导致不堪设想的后果。

履行承诺

具有高信任度的领导者能够认识到信守承诺的重要性。这包括两个步骤：第一步是要弄清楚你承诺的是什么，第二步是确保你做到了。一些领导者要注意，不要在不理智、不理智的时候做出承诺，尤其是在处理眼前的问题时，要避免做出冲动的承诺。你最好能花点时间，确定你打算做出的承诺是否可以兑现。过度承诺和不履行承诺都会大大削弱别人对你的信任和信心。

信守承诺不仅适用于实现目标，也适用于保守秘密：你要保护好他人的秘密，并尊重他人的隐私。

展示忠诚

具有高信任度的领导者懂得表达支持，他们会非常重视对个人和团队的个体与职业尊重。例如，在获得成功后将功劳给予团队而不是自己独享。这同样适用于当事情进展不顺利的时候，团队领导应该是第一个举手并承担责任的人，他们能通过这种方式来保护团队（当然，之后他们可能会在私下进行一些开诚布公的谈话）。

在前面关于无条件积极关注的部分中，我们所讨论的许多原则也适用于建立自己的忠诚度，特别是应该极力避免在背后说人闲话。另一方面，要确保团队成员提出反对和质疑性的意见是受到欢迎和鼓励的，这不失为一个建立有凝聚力的团队文化的好方法。比如："我认为苏在这个问题上可能有不同的观点。尽快与她沟通会更有成效。"这展现了领导者对苏的忠心，以及对她持有矛盾观点权利的支持。

表现出追求卓越的热情

具有高信任度的领导者有着追求卓越的热情，而不愿意让团队仅仅停留在中规中矩的表现上。在日常工作中，他们会投入智力、情感和体力支持团队内部的改善和发展。当然，有时候为了解决可能出现的问题，坦率的交流是必要的，受到高度信任的领导者还会邀请双方一起进行真诚的沟通。

总的来说，一个领导者愿意直面挑战和问题，而不是绕过它们或者视而不见，这将会提高领导者在团队中的形象。这是我们将在第五章中更加深入研究的一个领域。

承诺自己将变得更好

为了建立高度信任关系，一个领导者承诺会通过持续的开放学习来发展和培养他们自己的KASH体系，并让团队看到自己的进步。这种承诺可能是由多种原因驱动的——例如，认识到他们自己目前的KASH水平可能不足以应对变化迅速且复杂的未来挑战，因而通过学习避免变得自满和守旧，又或者因为他们希望为自己的团队树立一个好榜样。

这种对学习的投入可能也涵盖了更加深入地了解自己的领导能力，及时从他人那里获得发展反馈，并留出时间进行自我反思。我们发现，这些领导者渴望不断深化自己的能力，拓宽自己的视野。换句话说，他们在问自己，相比于3个月、6个月或9个月以前，现在的自己有没有变得更好。他们同时也在不断思考，在未来自己究竟会成为什么样的领导者和榜样。

问题与反思

你在多大程度上同意戴维·德斯蒂诺关于"要有足以被他人信任的能力"的说法?

你认为哪些领导力榜样的品质是你与生俱来的,哪些不是?你打算对此做些什么?

在团队中实现高度关系信任具有一定的挑战性,但它可能会带来巨大的回报。它的挑战在于团队中所有成员包括领导者都需要自我约束,使自己在工作和沟通中始终能考虑到对他人的个体和职业尊重。其回报则是在团队中创造出来的关系信任会像是一种神奇的强力粘合剂,将团队凝聚在一起,不惧任何变化、创新或干扰因素。

维持强大关系信任的行动计划
在你的团队中,营造高度个体尊重的开始/结束行动是什么?
在你的团队中,营造高度职业尊重的开始/结束行动是什么?
在你的团队中,树立杰出领导力榜样的开始/结束行动是什么?
开始行动
结束行动

第五章

认知偏差

1995年，麦克阿瑟·惠勒（McArthur Wheeler）在光天化日之下抢劫了匹兹堡的两家银行。他不仅没有任何伪装，在走出银行之前，他甚至还对着监控摄像头微笑。出乎他意料的是，当天晚上，警察就在他家中将他逮捕了。当警方给他看当天的监控录像时，惠勒感到难以置信。"可我涂了柠檬汁！"他惊呼道。惠勒以为，只要将柠檬汁涂在皮肤上他就能隐形，摄像头就拍不到他了。他的逻辑在于，柠檬汁常常被用作隐形墨水，用柠檬汁在纸上写下的字迹只有在接触热源的时候才会显形；所以他觉得自己只要不靠近热源，就完全不会被其他人看见。

我们每个人都会产生不同程度的错觉，而惠勒是一个极端的例子。我们为这种错觉赋予了一个名字——认知偏差（perception gaps）。认知偏差指的是一个人对于他/她当前表现或潜力的认知与实际情况之间的差距。在工作场合中，认知偏差主要存在三种情况：一些人认为他们的工作表现比实际情况更好，一些人认为他们的工作表现比实际情况差，还有一些人认为自己的工作表现无法提高。

- 你是否曾经领导或管理过严重高估了自己表现的人？
- 在你的团队中，有没有人认为他们不需要进步？

第五章 认知偏差

- 在你的团队中,是否有人对自己缺乏信心,并因此难以进步?

如果你对以上任何一个问题做出了肯定的回答,本章会为你提供缩小认知偏差的相关信息和方法。

此章节中包含了什么?

本章将用来自不同类型组织的真实案例,帮助你理清团队中的认知偏差。我们将解释在案例中认知偏差出现的方式和原因,以及如何应对它们。我们还将提供一些能帮助减少或消除认知偏差的实用策略,以防止它们再次出现。

消除认知偏差为什么这么重要?我们的经验表明,如果不对认知偏差进行控制,你的团队最好的表现也就是保持原样,而在最坏的情况下,你的团队会变得一团糟。

在继续阅读之前,请你记住在学习—绩效模型中为团队成员标示的位置,并考虑到光环效应和喇叭效应的影响(见第二章)。

认知偏差的类型

我们将工作场合中存在的认知偏差分成了四种类型。每一种类型都不尽相同,但它们都会成为提高工作绩效的障碍。我们将参考学习—绩效模型,对它们作出逐一介绍。

前两种认知偏差属于对自我表现的高估,或者与个人对学习的开放程度相关。康奈尔大学的心理学家戴维·邓宁(David Dunning)和贾斯汀·克鲁格(Justin Kruger)对麦克阿瑟·惠勒抢劫的案例进行了研究,他们得出的结论是，有些人会错误地评估自己的能力，认为自己的能力要比实际高得多。这种自信心错觉被称为"邓宁－克鲁格效应"（或"达克效应"，The Dunning-Kruger Effect），它指的是，在认知和能力上欠缺的人往往也无法认识到自己的缺陷。在工作中或其他情况下高估自己的能力（或进行自我提升）并不是一种新现象。它可能自人类诞生以来就已经存在了。对工作表现的错误认识非常普遍。2007年8月，《商业周刊》对美国2000名中层及以上的管理人员进行了调查，问了他们一个问题："你的工作表现能在公司中排到前10%吗？"在调查的每个子组中，都有超过80%的人给出了肯定回答。有84%的中层管理人员认为，他们的工作表现能在公司中排到前10%。在高层管理人员中，给出肯定回答的比例达到了97%（他们可能是在调查中呈现出了最严重错觉的群体）。

根据邓宁和克鲁格的说法："当人们为了获得成功和达到满意，而采用了不擅长的方法时，他们其实承受着双重负担：他们不仅会得出错误的结论，做出糟糕的选择，还会因为能力不足，无法认识到自己犯了错误。"这还会产生更多问题。那些能力不足的人即使被告知了对自己的高估会带来虚假的优越感，他们中的大多数人仍然会认为这说的是其他人，而不是自己。这就是为什么"邓宁－克鲁格效应"有时也被称为"阿呆和阿瓜效应"。他们对工作表现的自我评价远远高于真实水平，而且与真正有高绩效的员工相比，他们还很难意识到自己的能力是处于较低水平的。

另外两种认知偏差则属于个人对自我工作表现的低估，或者认为自己在工作表现上无法进步。这两种认知偏差有时候也被称作"冒名顶替综合症"（imposter syndrome），因为这些人常常会怀疑自己，担心自己会因为表现不佳而被开除。对于许多有这种受限心理的人来说，他们会很容易忽略成为高绩效员工的想法和可能性。

认知偏差 1：高估工作表现

利亚姆认为自己是一位很厉害的副店长，他打算开始申请店长的职位。他真的是一位非常友好、乐于助人的同事。他总是能记得大家的生日，会充满热情地提升员工的工作士气。他认为自己对于工作尽心尽责，足够被称为"高绩效员工"。但事实根本不是这样。利亚姆在与同事的沟通方面的确做得非常好，但对于重要的管理和记录工作，他一点儿都不擅长。他对这些弱点视而不见，认为与建立人际关系相比，这只不过是次要的工作。利亚姆过分夸大了 KASH 中的这一方面，以至于其他方面的问题都被掩盖了。所以他常常会弄乱员工的工作安排，在向上级报告重要信息时也总是迟到。

在最近的一次员工考核中，利亚姆被要求对自己的整体表现进行评分。在满分是 10 分的评估中，他给自己的平均分是 9 分。拥有九年管理监督经验的区域经理则采用了更客观的评分标准，给利亚姆打出了 4 分！这真是一个很大的差距。

让我们来回顾一下学习—绩效模型，它能更详细地对这种认知偏差作出解释：

根据我们在第二章中介绍到的学习—绩效模型，X 代表个人的自我评价，而 Y 是实际水平。我们在这个模型中标示了两个人的情况，他们都为达克效应所困扰，有不同程度的认知偏差。左侧的箭头代表这个人认为他的工作表现处于平均水平，但实际上他是处于 Y 位置的低绩效员工。另一个人的认知偏差则更为严重，右侧箭头指的是这个人作为一个低绩效员工，却觉得自己表现很好。这就和上述故事中利亚姆的情况如出一辙。

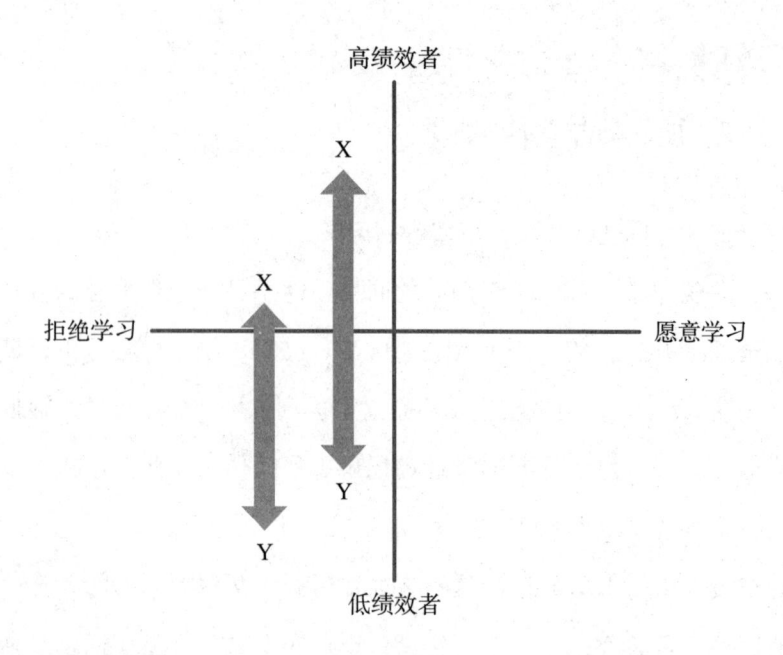

```
                    高绩效者
                      │
                      │ X
                      ▲
                      │
                      │
                      │
                    X │
                      ▲
拒绝学习 ─────────────┼───────────── 愿意学习
                      │
                      ▼
                      │
                      │ Y
                      ▼
                      │
                    Y │
                      │
                    低绩效者
```

当你使用学习—绩效模型来标示团队的表现时，你对团队成员的评估很可能会和他们自己的评估不同。那些有认知偏差的人可能会有他们并不需要学习的错觉，因为他们认为自己的表现水平已经足够好了。就算你希望同事能有所进步，他们也会认为自己不需要做任何改进。诚然，他们可能也会参与到有关进步和发展的讨论中来，但他们不太可能会完全投入其中，因为他们觉得这是没有必要的。从他们自己的角度看来，他们有着很好的表现。

认知偏差 2：高估学习开放性

在第二章中，我们介绍了"REFRESH"这个术语。它描述了那些愿意学习的人的一些特性，他们具有学习韧性、探究能力、渴望得到反馈、愿意做出改变、足够努力，且具有共享精神。他们能够养成高效的学习习惯。那些高估了自己学习开放性的人会掉进一个陷阱，即认为自己展现出了比实际情况更多的 REFRESH 特性。

路易丝认为自己是一名优秀的销售员、一位很好的学习者。但她同时也是一个非常固执的人——她总是认为自己是对的。当年度考核到来时，路易丝很不情愿地参加了。她的心态让她很难有更好的工作表现。有更好业绩纪录的同事认为她的工作效率低下，但她觉得自己的处事方式没有什么问题。她愿意对自己的工作模式做出微调，但事实上她需要的是彻底的转变。举例而言，路易丝坚决拒绝了高绩效员工采用的销售方法。虽然她也跟着那些员工学习了几天，但从她自己的角度来看，这些"新方法"和她自己的方法别无二致。

在下图中展现的两个人都产生了不同程度的这类偏差——X 代表他们自己以为的学习意愿，而 Y 代表他们实际上的学习意愿。两个人都受到了达克效应的影响，但这次的错觉来自他们对学习的开放性。

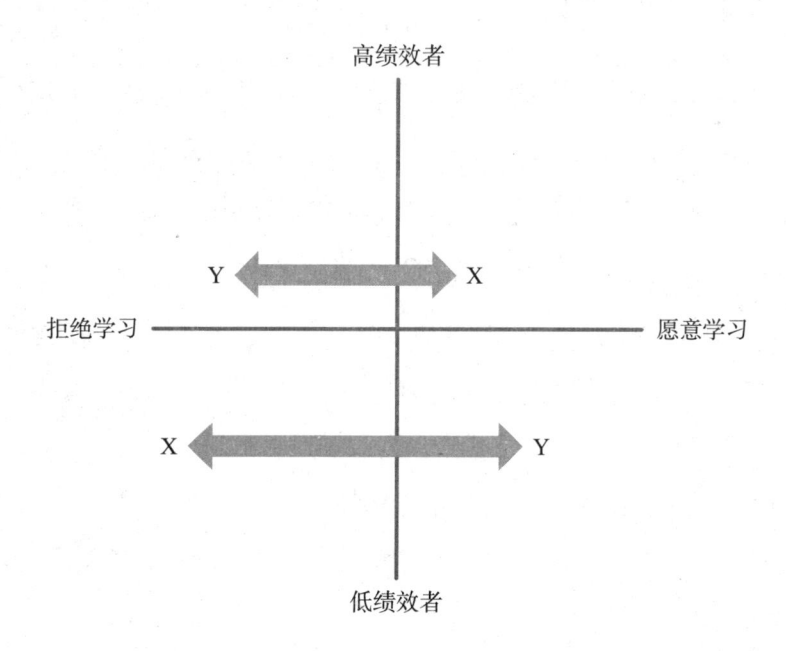

我们可以再次借鉴 REFRESH 模型，以"改变"特性作为参考要素。

我们将"改变"定义为"愿意对新知识作出评估，愿意调整现有的心理模式来思考新知识"。心理模式僵化的团队成员可能会认为他们自己是"愿意改变的人"，即使他们实际上并不是。真正愿意改变的人会始终乐于根据令人信服的新证据来不断调整自己的想法和观念。路易丝可能会认为自己愿意学习，但她其实只是在自欺欺人而已。每当获得新信息，她都只会将其放在现有的思维模式中思考。这是一种所谓的"确认偏误"（confirmation bias）。换句话说，她会倾向于放弃那些不符合现有心理模式的新信息、数据或证据。

不了解这两种类型的认知偏差的团队负责人和主管，可能会浪费大量的时间精力来设计注定会失败的学习项目。你可能很难说服拥有这两种认知偏差的人参与学习，因为他们不太愿意对自己的表现进行改善。

达克效应产生的原因

利亚姆和路易丝分别代表了那些认为自己的工作表现和学习态度高于实际水平的人。有很多原因可以用来解释这种现象。惠勒误解了柠檬汁的作用。他在准备实施抢劫前用柠檬汁抹了一下脸，然后用拍立得对自己照了一张照片，来看看柠檬汁是不是有隐形的效果。当照片显影后，他发现看不出自己的样子。于是，他就从这单一的证据得出了结论——柠檬汁能让他隐形。在这个过程中，他全然忘记了在照片上看不出自己可能还有其他的原因，例如相机或胶卷有问题、照片曝光过度，或者柠檬汁模糊了他的视线！如果他愿意学习（比方说，借助更多的反馈、更多的数据，花更多时间思考），他本可以避免26年的牢狱之灾。当然，我们知道抢劫是犯罪，就算你能真的隐形，也不应该抢劫。

惠勒会轻信柠檬汁的作用有以下两个原因：他缺乏有效的反馈建议，且夸大了自己的才能。这两者的结合就很容易造成达克效应。

我们所有人都具有自我意识。在成为更好的学习者的路上，这种自我意识可能会为你带来帮助，也可能会成为阻碍。过于膨胀的自我意识会阻止我们成为更好的学习者，导致我们在现有的水平上停滞不前。这种人尤其容易高估他们的工作水平。他们很难看到深刻反思或获取反馈的价值所在。"皇帝的新衣"这个故事就能很好地体现出膨胀的自我意识。在故事中，只有一个小孩能看清事实、不怕犯傻，说出赤裸裸的真相：皇帝什么衣服都没有穿！但皇帝陷入了虚假的自我形象中，只是继续在镇上游行。

这个童话故事给我们的启示就在于，不要过度夸耀自己的能力，抱有宏伟的妄想。

在邓宁和克鲁格2003年的论文《为何人们无法看到自己能力的不足》中，他们指出，对工作表现不正确的自我评价主要来源于人们对该工作或任务所要求的表现标准的无知或困惑。我们需要在这里提出三个问题：

1. 是否已经有了对关键绩效指标的明确说明？
2. 评估系统是否适用？
3. 反馈是否有用？

根据我们的经验，存在缺陷的反馈流程和对"最佳表现"的不明确可能是人们对实际表现能力缺乏认识的主要原因。

在反馈中常出现的一个问题是评估者偏差。当管理人员因为害怕破坏与团队成员之间的关系而隐瞒了负面的必要反馈时，就会发生这种情况。我们还意识到，在许多情况下，团队负责人并没有发挥其应有的作用。他们提供的反馈建议不但没用，还助长了员工的自以为是。

> **问题与反思**
>
> 在你的团队中,哪些人可能高估了自己的工作表现?
>
> 他们的哪些表现显示了这一点?
>
> 这种认知偏差对他们的学习意愿产生了怎样的影响?
>
> 对于每个人来说,您认为是什么造成了达克效应:缺乏明确性、过度自信、反馈有问题,还是这几种因素的结合?

另外两种认知偏差属于"冒名顶替综合症",有这种症状的人会低估和怀疑自己的表现。甚至他们会把自己的一些成功归功于运气或他人。遗憾的是,这就意味着他们很有可能缺乏自信,并低估了自己的潜力。

认知偏差 3: 低估工作表现

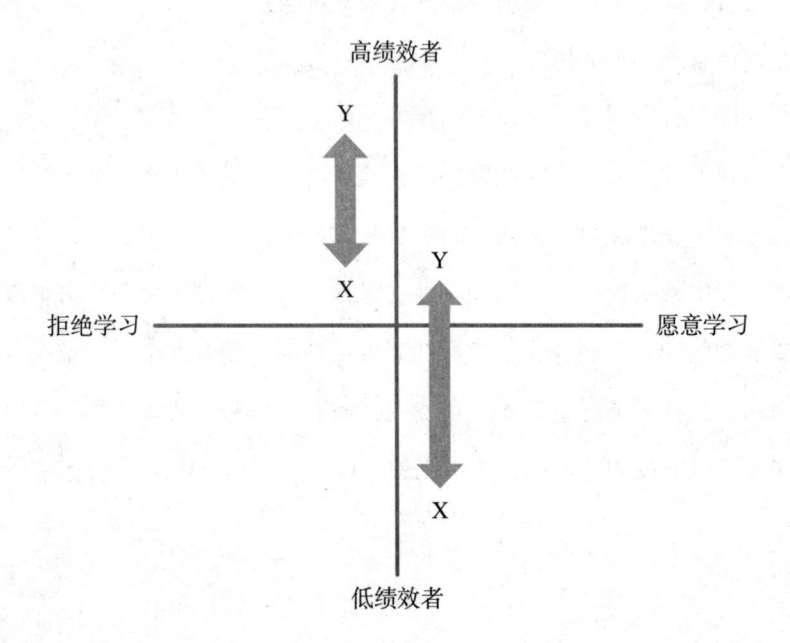

```
                    高绩效者
                       │
                       Y
                       ↕
拒绝学习 ───────────── X ─── Y ──────────── 愿意学习
                            ↕
                            X
                       │
                    低绩效者
```

伊恩从事销售工作，大部分时间他都是在独自到处奔走。因此，他没什么机会看到其他人的工作表现。作为一名完美主义者，伊恩常常因为自己在工作的某方面没有表现好而感到自责。他性格内向，不擅长与人交流。与其他同事相比，伊恩在与潜在的新客户建立关系时常常感到不太自在。然而，就实际绩效而言，伊恩在关键方面表现得非常出色。伊恩的问题在于，他过度关注了自己的局限性，而忽略了自己的长处。他是一个典型的例子，对自己的评价要比实际低得多。

在上图的模型中，两个人都有不同程度的认知偏差。与前文一样，X代表个人的自我评价，而Y代表实际情况。左侧箭头代表的人认为自己的表现略高于平均水平，但事实上他的表现水平要高得多。它代表的可能就是像伊恩这样的人。右侧的箭头体现了认为自己表现不佳的人，但事实上他们是在平均水平之上。这是否也能代表你的团队中一部分人的情况呢？

许多低估了自己表现水平的人都有可能缺乏信心。他们会把自己置于学习—绩效模型中比较低的位置。他们对自我表现的不确定可能也意味着他们要承受比较大的压力，会经常为一些不必要的事情而担心。他们会对自己已经能完成的事情感到忧虑，这就占用了一定的思考空间，从而使他们减少了学习新事物的机会，降低了进步的可能性。但好消息是，你有很大的机会来重新调整他们对现实情况的认识，以更好地提高他们的工作绩效和学习意愿。

认知偏差4：对潜力的低估

文森特一直期待着与新团队的初次见面。他在服务业干了超过三十年的时间，积累了丰富的工作经验。每当他接管一家新的酒吧或宾馆的管理工作时，他都要先为新团队进行一次入职讲话。他已经不记得自己走过多少次相同的流程了，每次都能进行得十分顺利——他会为团队设定发展愿景，告诉他们如何取得成功，努力熟悉团队的每个成员，营造良好的第一印象。这天，他又一次顺利完成了这项任务。

当天晚些时候，他开始浏览要求每个员工都填写的一份调查表。其中一份问卷吸引了他的目光。有一个问题是："你如何评价自己在当前工作中的表现水平？"史蒂夫回答道："我认为自己处于平均水平。我可能无法成为一个高绩效员工。"后来，经过进一步的调查，文森特发现史蒂夫已经在那家酒店干了十二年，在此期间他变得越来越不愿意学习。文森特要想在新岗位上做出一定成绩，就得让大家都努力起来。他正面临着这样一个挑战，他要让史蒂夫意识到，他对自我提升的消极看法完全是错误的。

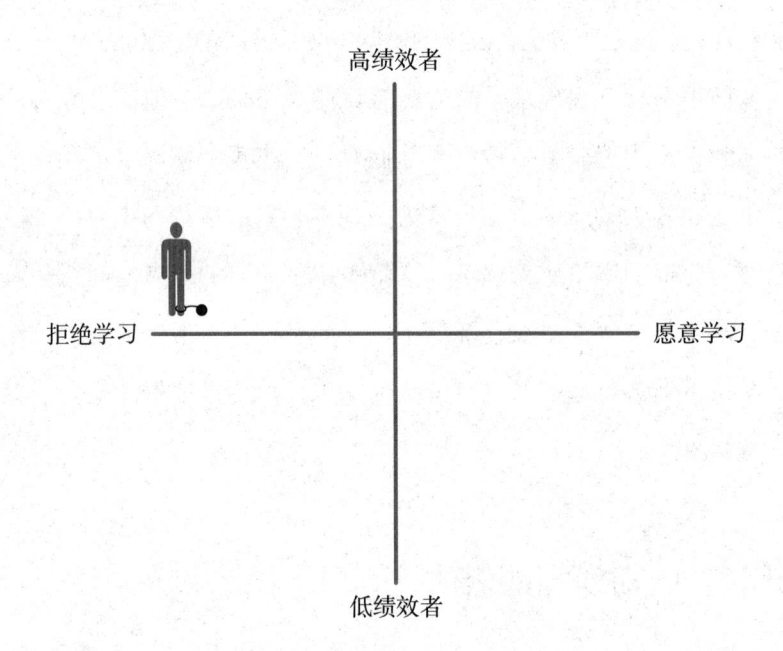

在这个学习—绩效模型中没有箭头，取代它的是一个人的形状，脚上套上了球链。它代表了这个人的看法，觉得自己不可能进步。在这种情况下，这个人的工作表现略高于平均水平。

对自己的潜力抱有消极看法的人其实有一种受限心理。当然，并不是每个人都能成为表现最好的1%，但根据我们的经验，我们充满信心地认为，每个人都可以通过学习表现得更好。问题在于，如果某个人坚定地认为自己不可能进步，那么"表现更好"的机会就会大大减少。

冒名顶替综合症产生的原因

冒名顶替综合症的产生来源于我们长期习惯的自我意识和反馈，但和先前介绍的达克效应又有很大不同。

在公司组织中，有些人可能没有足够的自我意识。他们缺乏心理上的成熟和自信，不相信自己能成为高绩效的员工。我们每个人都有不同的观念或对现实的看法，因为我们的感官对信息的过滤方式不同，所以一个人对于某次经历或某个事件的理解会和其他人存在很大的不同。自我意识较弱的人往往注意不到自己对团队成功做出的贡献。他们反而会试图强化自己的丧气想法，反复强调自己表现得不好，以后也不会表现得好。

正如无效的反馈会成为达克效应的诱因一样，它也会成为冒名顶替综合症产生的原因。例如，当一个人收到的关于表现的反馈过度挑剔，收到的指导含糊不清或相互矛盾，改进建议贫乏或缺失时，他/她就会面临发展为冒名顶替综合症的风险。同样，如果一个人完全得不到来自他人的关于自己表现的反馈，他们就意识不到自己创造的价值。在某些组织中，无效或不足的反馈常常会导致冒名顶替综合症的大范围快速传播。

对于调查问题的反思

在附录一中，我们告诉了你如何从团队中获得对三种学习障碍的反馈。如果你开展了这项调查，那么现在就是思考问题 17—22 的好时机。

在团队中，认知偏差在多大程度上成为学习的障碍？

你的团队是否提出了任何特别的问题？

反馈中有哪一方面让你感到了惊讶？

对于有积极反馈的问题来说，你本人对达成这一目标做出了怎样的贡献？

问题与反思

在你的团队中，哪些人可能会因为缺乏自信心而产生认知偏差？

他们的哪些表现显示了这一点？

他们的认知偏差对学习意愿产生了怎样的影响？

对于团队中的每个成员来说，是什么导致他们产生了"冒名顶替综合症"？是自信心的缺乏，还是反馈有问题？

团队中是否有像伊恩这样的人，因为没有正确认识到自己的表现水平而有些退缩？

你的团队中是否有人认为自己不能进步？

缩小认知偏差的策略

为什么我们有信心缩小这些认知偏差？这是因为我们知道，曾与我们合作过的一些组织已经通过我们倡导的技术有效消除了这些偏差。事实上，曾与我们合作过的一些领导者能非常熟练地在组织中创造出一种文化，使人们的认知和现实成为"形影不离的伙伴"。毕竟建立一个没有认知偏差的环境要比持续处理这些偏差给学习和工作表现带来的影响要好得多。当然，也存在一些极端情况。例如，可能会有一小部分极度自恋或自卑的人，他们的认知偏差已经根深蒂固了。但在我们的经验中，大多数人都可以在得到帮助后，缩小他们的认知偏差。

成功缩小认知偏差的关键在于创建反馈的环境，以确保每个人都能清楚了解最好的成果是什么样的，以及他们个人在其中能做出的贡献。在前两章中，我们探究了减少超负荷运转和增强关系信任的策略。刚好，这些策略也是在团队中建立有效反馈环境的基础。

你可能还记得，在第三章中，我们关注了建立明确共识的重要性。高质量的反馈不仅依赖于对期望的明确共识，还依赖于对美好图景的描述，以及如何达到这一目标的一致认识。因此，对于那些试图在团队内部缩小认知偏差的人来说，当务之急是构建一种对于"追求卓越"的共同语言，并对此进行持续的讨论和反思。如果没有对于"追求卓越"的共同语言和一致理解，反馈的质量就不会好到哪里去。

在第四章中，我们讨论了用以建立稳固关系信任的策略。关系信任使参与反馈流程的每个人都能更加畅所欲言、坦诚交谈，而不必担心误解或误传。信任使深度有效的公开意见交换成为可能，使人们有机会做出澄清。根据我们的经验，当关系信任比较稳固的时候，人们不太会在私下给出批评性的反馈建议，公开的批评反而会被视为进步和发展的好机会。同样地，那些负责给出反馈建议的人也会因此感到更自在，即使他们遇到的是敏感问题，也不会受到抗拒。

在本章接下来的内容中，我们将对利用高度清晰—高度信任环境的策略进行探究，以确保反馈能够帮助团队建立对工作表现的准确认识。有两种反馈来源能帮助我们了解到周围的世界：我们自己做出的反馈和从他人那里获得的反馈。

自我反馈

对自己表现的自我反馈是持续不断的。虽然我们可能不会始终对自己有充分的关注，但这是我们可以获取的绝大多数反馈的来源。基本上，我们评价的是自己是否走在能实现不错结果的正确道路上。对于一些例行的平凡日常行为来说，这种评价是在无意识的情况下发生的。例如，当我们泡制奶茶的时候，我们会判断茶是否已经煮了足够长的时间，以及我们是否在杯子中倒了足够的牛奶。

为了提高自我反馈的质量，需要特别关注两点。

第一，我们要放慢思维，想一想我们给自己的反馈是不是准确。在许多情况下，如果存在认知偏差，我们可能会无意间忽略一些重要信息，这些信息则会从根本上重塑你的自我反馈。在后面的内容中，我们将介绍两种在团队中能用于放慢思维的策略：（1）使用"推论阶梯"来减少被疏忽的盲区；（2）视频分析。

第二，要确保团队能很容易地获得关于"最佳实践结果"的明确信息，这样每个人都能拥有清晰的目标，能够随时调整自己对于高绩效的理解。为了实现这一点，我们将介绍使高质量工作变得公开可用的方法。

不管每个人不同类型的认知偏差是由什么原因造成的，让他们有更深刻的自我认知对于提高自我反馈质量来说是非常重要的。因此，这一部分中介绍的策略将有助于克服由达克效应和冒名顶替综合症引起的认知偏差。

使用"推论阶梯"以减少无意疏忽的盲区

处理过载的不良后果之一是它可能导致信息的错误过滤。这个问题在造成所谓"无意疏忽的盲区"中有着关键作用。这个盲区不仅会让我们只看到自己期望的东西，还会因为有限的信息影响我们做判断的方式。丹尼尔·卡尼曼（Daniel Kahneman）在他的《思考，快与慢》一书中也提到了这一点。他写道："我们会忽视显而易见的事，也会忽视自己屏蔽了这些事的事实。"在与公司一次次的合作中，我们通过有效的策略来减少这种"被无意疏忽的盲区"，对缩小认知偏差起到了至关重要的作用。团队一旦达成了这一点，就能更好地注意到他们以前从未注意到的事情，还能注意到这种疏忽曾如何影响了他们对工作表现的理解。

推论阶梯是减少疏忽的好方法，个人和团队都可以采用这种方法。它是由组织心理学家克里斯·阿吉里斯（Chris Argyris）首先提出的，阐述了我们在做决定或采取行动时下意识的思维过程。推论阶梯能用于放慢每个思考步骤，并逐一提出质疑，以确保"被无意疏忽的盲区"不会在无意间引导我们对周围的世界做出错误的判断。

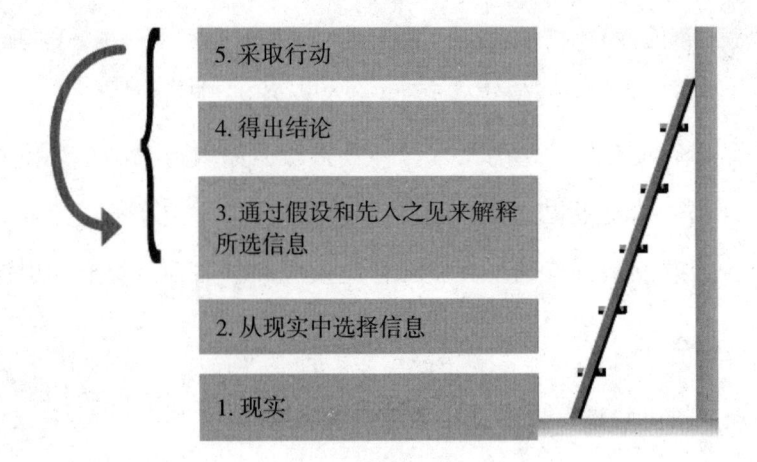

```
         ┌─  5. 采取行动
         │
         │   4. 得出结论
         │
         ┤   3. 通过假设和先入之见来解释
         │      所选信息
         │
         │   2. 从现实中选择信息
         │
         └─  1. 现实
```

推论阶梯是以如下模式运作的：

第一梯级：我们周围的环境（现实）提供了无穷的信息资源。

第二梯级：个人（或团队）从可用信息中进行选择——有点像是从水池中打上一桶水。我们之所以要进行选择，是因为没办法处理好所有的可用信息。在这里，我们的选择质量非常重要。正如我们在上面提到的，选择通常取决于某人在给定情况下的期望，而不会因为其他因素得到优化。

第三梯级：个人（或团队）解释他们选择的信息，并为这些信息赋予含义。这种解释通常会受到现有假设、无意识偏见或先入之见的影响。

第四梯级：在信息得到解释后，个人（或团队）会根据他们的解释得出结论或做出判断。

第五梯级：个人（或团队）根据他们的结论决定要采取的行动。

我们可以来看一下推论阶梯是如何在现实中应用的：在一次会议上，玛丽发现卡尔文似乎比平时更安静，并且避开了她的眼神交流。这是玛丽在第一梯级中"选择"的"原始资料"。然后，她要为自己观察到的现象"赋予含义"，假定卡尔文在生她的气。玛丽由此"得出结论"，卡尔文生闷气可能是因为她前一天给他发了一封批评邮件。因此，她认为卡尔文是一个脸皮薄、幼稚、经不起批评的人。玛丽因为卡尔文的行为感到十分愤怒，在会议结束时离开了房间。

然而，实际情况和玛丽想的完全不一样。事实上，卡尔文在会议开始前就决定了要多倾听、少说话。他想有更多的思考，能多提问、少发言。因此，开会时他一直在专心观察其他的团队成员。但玛丽从她的选择中"过滤"掉了这些信息。玛丽会认为这不是她想要的信息。

现在我们可以看到玛丽是如何根据一系列没有实际依据的选择和假设来构建对卡尔文的看法的。玛丽的大部分推论都是一种错觉。更糟糕的是，当玛丽下一次再看到卡尔文的时候，她可能会继续被这些先入之见主导，来对新的信息作出（错误的）解释，最终导致了一种恶性循环（如上图中的箭头所示）。

推论阶梯的整个过程会发生在一瞬间。在每个梯级上，都存在着一定的风险，即个人或团队的价值观或假设可能会扭曲思维过程，从而导致最终采取的行动和现实不符，或者这些不太可能对结果和关系有所改善。

如果我们的思维不那么清晰，就很容易陷入自己的假设和幻觉中。通过推论阶梯，我们可以学会放慢思维过程，对自己和他人得出的结论提出质疑。其实，在本章上半部分中概述的四种认知偏差都是由于个人或团队未能对他们自己有缺陷的思维提出质疑而产生的。他们可能是在选择可用信息时出现了偏差，也可能是在解释这些信息的方式上存在误区。

当我们使用推论阶梯来减少被无意疏忽的盲区时，我们可以在每个梯级上提出一些反思性问题；在小组合作中，让大家知道这些问题有助于集思广益。

选择

- 我们忽略了哪些信息？
- 有没有我们没注意到的重要信息？

- 我们还能利用到哪些其他信息？
- 我们错过了什么信息？

解释

- 还有没有其他方法来解释我们选择的信息？
- 我们能以不同的方式看待这些信息吗？
- 我们做了什么假设？
- 我们的假设是否有根据？
- 我们如何证明假设是正确的？
- 在做判断时，我们是否受到了先入之见的影响？

结论

- 这个结论是否符合我们的观察？
- 我们还能得出什么其他结论？
- 我们获得的信息是否只指向这一个结论？

行动

- 我们计划采取的行动是否可以解决我们发现的问题？
- 我们还能采取什么其他行动？这些行动的优缺点分别是什么？

以这种方式来使用推论阶梯，可以提供宝贵的结构化思维过程，以评估思维过程是否受到了无意识偏见的影响——正是这种偏见导致了人们的认知偏差。

视频分析

如果我们想要消除被疏忽的盲区，在合适的环境中使用视频分析可能是非常有效的方法。利用视频回放来分析和反思个人或团队的实际表现，而不是推测将要发生的事情，是缩小认知偏差的好方法。这种方法在得到有效应用后能给人带来更清晰的自我意识，让人们知道在各种情况下怎么做才是对的（怎么做是不对的），其中包括：

- 主持高效的会议
- 为开展高效的会议做准备
- 肢体语言和表现技巧
- 展示与演讲
- 建立模型与解释
- 与顾客、客户和同事的互动
- 培训对话
- 进行开放式学习的对话
- 咨询和销售对话
- 引导讨论
- 推动问答环节

在过去的十年里，我们始终将视频分析视为培训项目的核心部分。例如，在教育领域，我们为许多教师呈现了他们自己的教学视频。在观看和分析了视频中自己的表现后，他们恍然大悟。在许多情况下，他们会充分认识到自己之前并不了解的能力的优缺之处。在我们的研究中，有一个人发现自己多年来一直在否认某种习惯。他总是会忽略来自同事的对于这一习惯的建议，直到有一天，他终于有机会坐下来看自己的视频回放，视频中的内容使他感到震惊。他这才认识到俗语中所蕴含的真理："你永远无法改变自己没有觉察到的东西！"

视频回放为个人和团队提供了反思自我表现的空间和时间。这会带来两个好的结果。第一个结果是，当人们发现以前没有意识到的表现方面时，他们会觉得豁然开朗。那些有着冒名顶替综合症的人得到了新的领悟，即他们的表现实际上要比自己想象的好得多；而那些受到达克效应影响的人也不能再逃避现实，他们必须承认自己的实际表现要比想象的差。

令人印象深刻的是，当人们在视频上看到自己当前表现的水平时，他们的学习意愿会变得十分强烈。通常，他们会对自己的表现提出非常诚实的反馈建议，他们的同事或团队负责人或许也曾经提出过一样的建议，当时却被他们拒绝了。有许多人表示，从第三人的视角来看自己的表现，会使他们比较容易发现需要进步的地方。在对视频中自己的表现进行分析后，人们典型的评价是："我现在才发现自己问了多少个封闭式问题""我以为我们在对正反两方的讨论上花了差不多的时间，但实际上我似乎有一些厚此薄彼""我完全没问大家有没有正确理解我的意思""我从来没发现自己说了那么多话，却忘了听别人的想法""我之前还没发现，我的肢体语言和我想表达的内容是矛盾的"。

视频回放带来的第二个结果也同样重要。人们会开始发现因为没有注意到眼前的关键信息而产生的问题。人们会反思："我需要弄清楚怎么才能及时地、更好地注意到这些事情""今后，我肯定会以更加开放的心态来听取别人的反馈"。如果一个人想要获得更准确更及时的反馈，这种"当下意识"是至关重要的。

想要提高团队的学习意愿，就需要主动引入视频分析的方法。我们经常发现有公司买了昂贵的视频设备，却没能物尽其用，这往往是因为他们忽略了以下列出的一项或几项基本原则。

达成一致协议，获得大家支持

通过制定有关保密性以及视频分析的用途和目的的明确指南，可以减轻人们可能对这种方法产生的紧张或恐惧。保密协议需要得到组织中负责人员的支持，且必须声明视频只能在得到被拍摄者的明确许可后才能与他人共享。这一点非常重要，因为如果你想持续应用视频分析的方法，就必须得到所有相关人员的绝对信任，大家必须一致认可，使用视频分析的目的是帮助自己进步，它不是某种绩效管理的花招。对于一些人而言，预知会被拍摄已经给他们带来了很大的压力，因此，要为他们创造一个安全可靠的环境，他们才能更准确地了解到自己的表现。

要让大家都清楚知道，视频分析的唯一目的是帮助他们学习和改进。如果有人对视频分析有些不信任，你可以将它作为自主选择的一种，让大家自愿参与进来。当大家逐渐对它有了更多了解，产生了更强的关系信任，你就会发现有越来越多的人愿意参与进来。如果大家不太情愿进行视频分析，作为团队负责人，你最好能自告奋勇，率先尝试。

明确思考的重点

确保有一个明确的分析重点也很重要。如果没有重点，人们有可能会淹没在视频中需要分析的海量信息中，这会使他们的自我反馈变得肤浅，例如说出"我的长相和我说话的声音都很像我爸爸！"一次性思考太多方面往往会无济于事，所以最好关注于一个细节焦点，保证评估者能集中注意于KASH的一些特定而关键的方面，以提高他们的表现水平。

明确思考的重点在建立信任的过程中起着至关重要的作用。一种有用的方法是在看视频前先为参与者列出一些反思性的问题，让他能在看回放时关注这些方面并作出回答。你可以提前与他们进行一些有价值的讨论，例如询问参与者："当你观看视频时，你希望能对这些问题作出怎样的回答？"在视觉回顾中掌握主动权是一种非常有用的推动进步的策略。

合理安排计划和反思的时间

我们发现，必须在拍摄结束后立刻进行视频反馈环节。在拍摄结束后几周再来进行自我反馈和反思讨论可能没什么用，因为拍摄时的记忆将会逐渐淡去。如果不提前对反馈的时间进行安排，视频分析的价值和好处就很有可能会减少，甚至消失。

公开呈现高质量的工作典范

案例分析：缩小认知偏差

　　西蒙觉得自己已经走投无路了。在最近一次的工作质量回访中，他率领的团队收到了非常负面的表现反馈。西蒙对此并不感到惊讶，他觉得反馈报告一定是公正而准确的。但在他的团队中，大部分人都完全不认可这份评估报告。有些人甚至想要求对评估进行复验。事实上在评估之前，西蒙曾试图让团队成员参与学习，提高绩效，但这完全是徒劳的。他的团队成员只会对此敷衍了事。他们总说："我们不需要改变什么。"结果大家的工作绩效只能一直停滞不前。

　　五年之后，这一情况发生了彻底的转变。这个团队如今变得非常愿意学习，工作表现也有了大大提高。带来这一转变的催化剂是西蒙安排的一次外访。西蒙让团队中的意见领袖去观察另一个相似的团队是如何在更具挑战性的环境下工作的。当这些意见领袖完成这次访问后，西蒙欣喜地发现了一些变化。他们已经看到，另一个团队几乎在所有事情上都比他们做得更好。他们特别指出了那个团队具备的高期望和团队合作的文化。这次经历给他们留下了很深刻的印象。现在，当他们把视线从这种比较中移开，他们知道了自己团队的绩效水平和此前自己的判断相差甚远。西蒙所做的正是将工作实践的典范进行公开呈现，这使他的团队成员缩小了自己的认知偏差。

　　当个人和团队只关注自己时，可能会缺乏作为自我认知基础的高质量参考点，从而产生"孤岛思维"的风险。对于那些无法经常看到同行优秀表现

的人来说，这是一个非常普遍的问题，因为他们总是独自工作，或者他们的工作节奏太快，以至于了解不到周围在发生什么。

> **问题与反思**
>
> 你的团队成员是否会经常将他们的工作质量、工作成果与同事或者相似的团队进行比较？

我们曾合作过的最高效的团队有一个非常突出的特点，他们将工作典范的公开分享提升到了一个全新的水平。比方说，某个团队负责人在一家餐厅享受到了优质服务，回到公司后对该团队的客户服务标准进行了思考并提出了新想法，该团队由此直接更改了公司的客户服务条款。这个团队负责人在回想自己获得的美好体验时不断反思："他们是怎么把客户服务做得那么好的呢？"虽然她的团队所处的不是餐饮行业，但餐厅提供的优质客户服务的原则是共通的。这是追求卓越的另外一个例子。

> **案例分析：让高质量变得可见**
>
> School 21 的联合创始人兼校长彼得·海曼（Peter Hyman）希望能在伦敦斯特拉福的这所具有开创性意义的学校中展现高质量的教学模式。老师们会将学生的作品编为作品集，在一些特别组织的活动中进行展示。这不但建立了大家对"高质量"的共识，还能让教师之间就如何教导学生完成高质量的作品展开热烈讨论。

他人反馈

缩小认知偏差的一个要素是创建一个环境，让来自他人的反馈在这个环境中变得非常有效。我们的一位客户是某家公司的负责人，该公司因其优异表现成为行业龙头。他指出有效的反馈在公司发展壮大的过程中发挥了关键作用。"在我们没有得到有效反馈之前，有太多人夸大了自己的绩效水平。这是我接管公司以来面临的第一个挑战。"他坦言。

请仔细考虑以下两个问题：

1. 在你自己的团队中，反馈程序在多大程度上是设计用于防止认知偏差的产生的？

2. 你的团队是否对反馈流程有着明确的共识？

请你想一想"设计"（design）这个动词。"设计"是一个过程，在这个过程中，我们会设想一个最终的"成品"，然后会规划达到这一目的的流程。正如我们曾谈到过的，我们对于从美好的结果开始进行反向计划具有充分的信心。这是"逆向工程"的概念。

设计高质量反馈的合理原则有哪些？有效的反馈应确保每个人都能够了解自己的表现如何，以及他们需要做些什么才能有进一步的发展。我们认为，有效的反馈应该被视为一份礼物。它的给予和接受都是为了使彼此的生活得到改善。因此，我们应该本着与提供反馈同样的精神来欢迎和接受反馈。即使反馈要求我们改变自己的行为，它仍然是一份礼物，我们形容它为"爱之深，责之切"。

有效的反馈（包括批评式的反馈）的基础在于，它一定要是友善的、具体的和有帮助的。根据这些原则提出的反馈会有更多的机会得到认真倾听，人们也会更愿意据此采取行动。

友善

反馈过程应该是友善的。正如一位领导者所言："对我来说，反馈应该是公开赞扬和私下批评的结合。"换句话说，他会在公开场合提供积极的反馈，而把负面的反馈留到办公室这种私下场合，这样就可以避免公开羞辱产生的不适感。毕竟，反馈过程应该遵循我们在第四章中讨论过的关系信任原则，其中特别需要关注的是反馈的专业性和反馈接受者的个人情况。

案例分析：信任破裂带来的教训

2008年12月26日，阿提哈德球场。裁判吹响了上半场结束的哨声。在此时，赫尔城已经0—4落后于曼城。赫尔城的主教练菲尔·布朗（Phil Brown）感到非常生气。他决定不让球员们回更衣室接受传统的中场训话，而是让球员坐在球场上，正对着看台上惊讶的人群，接受当众训斥。这为英国媒体制造了巨大的话题。布朗对于自己有争议的行为解释道，这是因为他的球队让球迷们失望了。至于这种当众训斥是否有效，赫尔城俱乐部在该赛季接下来的比赛结果无疑给出了一个明确的答案——在后来的19场联赛中，他们只赢了一场！

我们可能从来没有在成千上万的观众面前受到过羞辱性的批评，但我们中的许多人可能都遇到过这样的情况：由于反馈提供者缺乏对个人情况或专业性的关注，在传达反馈信息时给当事人造成了不适感，从而使当事人忽略了反馈的具体内容。

反馈会被认为是不友善的，通常存在两个原因：

1. 反馈的重点是接受者本人，而不是他们的行为或行动。这会让反馈接受者感觉自己被针对了。这种反馈容易让接受者将自我封闭起来，以保护自我价值感，并拒绝之后的反馈建议。对此我们的建议是，应该始终对"行为"给予积极的或批评性的反馈，而不是针对个人。也就是我们通常说的，对事不对人。

2. 反馈中没有提到当事人进步的地方。只有当反馈者发现并肯定了当事人的进步时，当事人才会感到自己的努力和辛苦没有白费。尤其对于那些受到冒名顶替综合症影响的人来说，这种肯定是一份鼓励，会让他们发现自己的认知是存在局限的，他们应该拓宽自己的视野。我们的建议是，反馈者最好对反馈对象的任何进步表现都给予直接的肯定。

问题与反思

你的团队给出的反馈是否考虑到了反馈接受者的个人情况和反馈内容的专业性？

具体

提供具体的反馈，尤其是给出有用的行为建议或指出需要进步的方面，可以帮助他人准确地意识到他们在哪些方面做得不错，以及哪些方面还需要改善。如果我们希望他们能更好地发挥自己的长处，就需要帮助他们对上述内容进行理解和解构。

我们在评价某个团队内部的反馈质量时，出现了一个很好的反面例子。其中一位团队成员提到，团队负责人就如何提高绩效向他提供了反馈，但反馈的内容令我们感到瞠目结舌。负责人对他的反馈是："你肯定有一些欠缺。"这真是一条让人感到莫名其妙不知所云的反馈信息！我们的建议是，反馈一定要具体。

明确指出他们做得很好的方面，询问他们是怎么做到的，并据此引出对优秀行为的理解，这些都将有所帮助。强调优秀行为的一个好方法是做出真挚而积极的评论，例如："我很欣赏你对这些文件的仔细阅读和积极提问。没有你的努力，我们就没法签下那份合同。"

如果反馈含糊不清，进步就会变得困难，有些人甚至会因此觉得，成为优秀人才是完全不可能的事情。反之，如果反馈非常具体，就可以有效指出他们所需的行为改变。模棱两可的反馈会使接受者搞不清楚自己的实际水平以及优缺点，这非常容易导致认知偏差的扩大；具体的反馈建议则清楚指明了要取得出色成果必须采取哪些行动。

以下是一些非常有用的方法，用于确保反馈能非常具体地给到接受者：

1. 说清楚你在反馈中关注的特定行为，以及它产生的影响。例如，"你在演示时给了我充分的目光接触，这让我感觉自己被关注到了，并能更好地融入交流……"

2. 指出这项反馈如何能帮助接受者得到进一步提高。例如，"……我的建议是，除了我和少数几个人之外，你最好能和参会的每个人都有一些眼神交流。"

问题与反思

你的团队中的反馈是否具体？这些反馈是否明确体现了每个人的优点和劣势？

有帮助

如果反馈能使接受者弄清楚他们已经做得不错的方面，和他们还需要为进步做出的努力，那么这种反馈就是有帮助的。在这些反馈的帮助下，接受者会非常了解他们还需要为自我提升做些什么，以及这些行动包括哪些步骤。为使反馈"有帮助"，给出反馈的人也要问问自己："我给予的反馈是否能使接受者了解什么才是更高的水平，以及怎么才能更上一层楼？"

时机是能确保反馈有帮助的关键因素，给出反馈的人既要注意反馈的及时性，也要保证能为反馈留出足够的时间。"及时性"意味着接受者刚刚结束一段经历，他们的头脑会比较开放。"留出足够的时间"则是为了让反馈建议得到正确的吸收和消化。

举例而言，我们知道某个团队总是在高压环境下工作，他们有一个惯例，会在每天工作交接结束时召开反馈会议。团队成员会汇报当天的工作成果和所有进展不顺利的事件。反馈的及时性能确保团队成员快速对某些行为做出改善，这样第二天的工作就会有更大的进展。有些时候他们的会议会比较简短，但当工作出现问题时，该团队会留出足够的时间来确保每个人都了解自己要再做哪些努力，以及提高绩效的下一步是什么。

> **问题与反思**
>
> 你的团队中的反馈是否包含了有用的分步改善建议，指出了理想的改善成果？

掌握开放学习的对话

友善、具体和有帮助的反馈并不只对"冒名顶替综合症患者"有价值，它还能消除由达克效应引起的认知偏差。但除此之外，我们还有其他方法来调整他人对于自己表现的低估或高估。一种有效的策略是采用对话式的开放学习方法。对于那些因为不喜欢制造矛盾而不想在反馈中提出质疑的领导者来说，这种方法特别有用。

这个方法的核心内容是一个简单的等式：E+R=O。E代表某个事件（event）。"事件"是指需要进行探索或改善的任何一种情况或一段关系。R是我们对该事件的反应（reaction）。O代表由该事件和我们的反应共同带来的结果（outcome）。这个等式有助于我们理解自己的行为对他人或某个事件的影响。无论我们是否能意识到自己做出的反应，它们总是能影响到周围事件的结果。不采取任何行动也是一种反应，因此，我们必须对自己的反应（或无反应）所带来的影响承担一定的责任。

如果我们对某个事件（例如表现不佳或拒绝学习）的反应是忽略它，那么这就是我们的选择，它将会随之带来不可避免的后果。我们的团队成员可能会因此觉得表现不佳也没关系，拒绝学习也是可以的。

另一个后果是团队成员对于自我表现的认知偏差可能会变大。"毕竟，"他们会对自己说，"如果我的表现有问题，肯定会有人向我提出来。"这对团队负责人的影响则在于，他们会始终因为团队表现不佳或缺乏学习意愿而觉得挫败。

另一方面，如果我们的确正面应对了这些事件，却没有提供友善、具体、有帮助的反馈，也会导致其他不良后果。团队成员会意识到自己的表现不好，但如果关系信任比较脆弱，他们可能会对反馈做出抗拒。"你知道我们是怎么处理的吗？"他们可能会说，"你是换了种方法来侮辱我们团队吗？"如果个人和团队将重点放在保护自尊心上，行为改变就不太可能发生。

但是，还有一种方法，那就是接受反馈带来的挑战，共享对事件的关注，这样既能展现对追求卓越的热情，又能确保取得积极结果。

有三种方法可以用来避免上面提到的问题（以及被无意疏忽的盲区）：有效的倾听、为建立明确共识而精心设计的对话，以及对我们思维中错误假设进行质疑。如果我们能牢记这三种方法，开放式学习的对话过程就会变得非常容易。

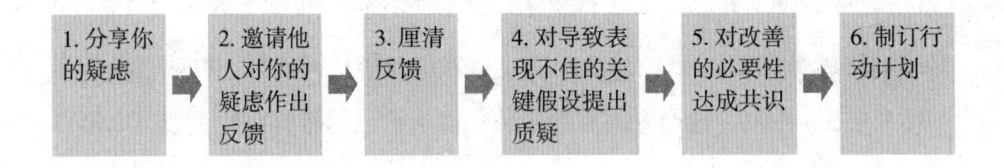

| 1. 分享你的疑虑 | → | 2. 邀请他人对你的疑虑作出反馈 | → | 3. 厘清反馈 | → | 4. 对导致表现不佳的关键假设提出质疑 | → | 5. 对改善的必要性达成共识 | → | 6. 制订行动计划 |

第一步：分享你的疑虑

提出你的疑虑，以及造成这种疑虑的原因。例如：

我注意到在过去的两周里，你已经迟到五次了……

我不确定我是否了解全部的情况，但当我看到／听到……的时候，我很担心……

我必须与你分享我的一个疑虑……

我可能还没有看到所有情况，但当我看到最新的销售报告时，我的脑海中响起了警报，因为……

对于那些觉得直接对话有困难的领导者来说，这种方法可能也比较具有挑战性。然而，清楚说明你所担心的问题和你提出该问题的原因是非常重要的。对话的关键是注意用词的敏感性，例如，你最好委婉地说"我注意到……"，而不是指责式的"你做了……"。通过这种方式，我们也坚守了推论阶梯的基本原则。我们每个人都有自己的世界观，可能没法看到某个事件的整体。因此，我们只是提出自己的疑虑，说出已经发现的证据，然后再去试图了解整体情况，对其进行调查，并在必要时采取纠正措施。

第二步：邀请他人对你的疑虑作出反馈

这整个过程的预期目标是在解决问题的同时仍然保持与同事或团队的关系信任。在这一步中，你的团队成员能够对你提出的疑虑表达他们的看法。

一些有用的说法包括：

你对我刚刚说的有什么看法？

我知道，除了刚刚提到的内容外，你可能还有其他想说的……

关于这种情况，我需要向你了解更多东西……

在这一步中，如果你的同事已经承认你所提出的问题确实需要解决，这个问题很可能会自动得到解决。如果发生这种情况，你可以直接跳到第6步。否则，请继续执行第三步。

第三步：厘清反馈

这一步的关键内容是对第二步中收到的反馈做出理解。这能确保交流双方在彼此的所说和所闻之间不会再出现更多的认知偏差。这就避免了这样一种风险，即某一方只听到了他们想听的内容，却没有明白对方真正表达的意思。

这一步中一些有用的说法包括：

我只是想弄清楚，你提出的两个重要观点是……

你的立场是……我总结得对吗？

你说的是……吗？

第四步：对导致表现不佳的关键假设提出质疑

这是最困难和最棘手的步骤。之前的认真倾听和理解为这一步打下了基础，使你能够对任何导致团队成员表现不佳的假设或成见提出质疑。他们的一些想法可能是无意识出现的，你需要弄清楚这些想法产生的原因。打个比方，"这个经常投诉的客户并不是我们的主要客户"，这句话表示团队成员认为他们只需要关注大客户；"供应商在电话里对我的态度非常强硬"，这句话没有提到"态度强硬"的原因（可能是因为这个团队成员没有结清早该在六个月前支付的款项！）。

这一步中一些有用的说法包括：

你得出这个结论的原因是什么？

我们怎么知道你的假设不会是错误的？

还有什么其他可能的原因？

这是产生这种结果的唯一原因吗？

有什么证据能证明这是真的？

在这里我们有没有忽略什么？

第五步：对改善的必要性达成共识

在上一步中质疑假设和成见的目的在于减少一定程度的理解障碍，这样双方即使在过去的事件上可能无法达成完全的共识，仍然能一起关注于未来的事件。第 5 步的中心目标是将不同的观点汇集在一起，逐渐建立对改善的共同认可。

这一步中一些有用的说法包括：

我知道我们对于这个问题出现的原因有着不同的看法，但我们都想为此做些什么。

这样说来，我们都希望能继续努力，防止这种情况再次发生。

我们都认为目前的情况不能持续太久。

第六步：制订行动计划

有许多发展策略出错是因为忽略了这一最后的重要步骤。制订有明确具体时间框架的稳健绩效计划是非常必要的。只对行动做出口头承诺是不够的，因为单凭话语表达很容易造成误解。如果没有具体时间表，你可能会连续几周都在同样的对话中原地踏步，事情不会有任何改变。

这一步中一些有用的说法包括：

让我们制定一个明确的时间表来解决这个问题吧。

好的，所以你要在下周一中午前处理完那些未尽事宜。

我们可以在这个月接下来的每周五上午九点开个会，一起看看这些报告，确保我们的工作能重回正轨。

树立 REFRESH 的榜样

要说服更多不情愿的人接受反馈建议，关键因素之一是领导者本人愿意成为具备 REFRESH 品质的榜样。事实上，根据我们的经验，如果领导者将自己排除在反馈流程之外，那么这个团队就无法进行有效的反馈改进。如果领导者能做到言出必行，他们就会起到重要的榜样作用。他们可以通过很多方式做到这一点，例如不断展示出自己的求知欲和钻研精神，或者坦诚接受反馈建议，这些都能成为团队进步的起点。下面我们介绍一些非常简单的概念，它们能够保证上至团队领导者下至基层员工，都能重视反馈的作用，并据此采取行动。

培养发散性和探究性的思维

"只有我们不会被人讨厌，我们才愿意提出反对意见。"当一位团队领导者试图在他的团队中推行思维多样化的理念时，我们发现团队成员总是用这句话搪塞过去。这位领导者不希望当他或其他人在会议上提出新想法时，全部人都只是点头同意。他希望所有的新想法都能受到质疑，接受压力测试。只有这样做，当这些新提议得到实施后，才能真正产生积极的影响。

为了达成这一点，团队中要有一个可靠的环境——需要让人们知道，批评性的反馈建议是受欢迎的、会被重视的。如果你希望团队中的每个人都能对公开发表意见充满信心，那么就必须在团队中建立欢迎挑战、欢迎创新创造的文化。如果团队对管理层提出的"异议"存在抵触情绪，大部分团队成员保持沉默也就不足为奇了。

PMI 思维框架

培养多样化思维的一种方法是使用爱德华·德·波诺（Edward de Bono）提出的 PMI 思维框架：优点（pluses）、缺点（minuses）和兴趣点（interesting questions）。当团队需要考虑两个或多个相反的观点时，这个框架就会特别有用，比方说，讨论有争议的问题或做决策。这种简单的方法会如此有用是因为它需要所有人都从不同角度来考虑问题。许多人会在使用这种方法后发现，在考虑问题时如果能把眼界扩大到自己现有的想法和固有价值观之外，结果会令他们大吃一惊，让自己大涨见识。的确，这种简单易行的过程能让他们不再局限于基于盲目偏见或第六感的简单分析。对于那些不熟悉这种方法的人来说，一个小建议是要确保在各项观点上花费相等的时间，以避免无意造成的偏见。

我们可以用一个曾与我们合作过的团队作为例子。该团队曾开展过一系列成功的面对面培训项目，他们那时正在考虑是否应该花时间来开发一些新的在线培训服务。团队负责人克莱尔比较赞同这个想法，因为她发现一家当地公司在其他领域开展的在线培训服务就运行得很不错。但团队中有其他的成员对此表示怀疑。因此，克莱尔决定将团队成员聚集到一起进行PMI探索，通过列出开发新项目的所有优点、缺点和兴趣点，来放慢她的思考速度。

优点	缺点	兴趣点
我们已经在市场上拥有强大的品牌形象。 我们拥有庞大的客户数据库，能够用于挖掘在线培训服务的需求。 商业网络会议平台可用于支持在线服务。 拥有在线培训服务会让客户觉得我们具有创新性和与时俱进。 在预算紧张的情况下，在线培训服务对客户来说可能更具成本效益优势。	团队目前拥有的信息与通信技术无法支持定制服务平台。 目前市场上已经出现了拥有强大在线业务的不同规模竞争者。 新的在线培训服务可能会"冲击"目前的面对面培训需求。	除了早期采用者之外，在线培训的市场需求量还会有多大？ 目前的办公室宽带速度能否支持该服务？ 在办公时间之外是否有在线服务的需求？ 如果没有进行面对面培训，是否还需要补充一些额外的培训内容？ 在线培训的内容是否会与目前的面对面培训有所不同？ 我们是否能在不缩小现有产品范围的前提下进入新市场？ 我们应该为在线服务制定怎样的价格？我们能从中获得多大收益？ 在线服务是否能作为现有面对面培训的补充？

克莱尔和团队共同绘制的PMI图表显示，在迅速拍板决定之前，还有太多需要解决的问题，其中还存在一些风险因素。克莱尔认为，不管最终的决定是开发在线服务还是不开发在线服务，整个团队都要努力对这些问题作出回答。

养成倾听的习惯

展现自己接受反馈态度的两种方式包括邀请他人非正式地提出反馈建议

和欢迎全方位的反馈。你可以定期抽时间来倾听别人的想法，也许他们能为团队的进一步发展和建立关系信任提供许多新鲜建议。当然，并不是所有想法都会有用。我们需要扬谷去糠；毕竟，反馈并不是真理，它只是一个人的真言。但不管怎样，展现你正在深入聆听并乐于接受反馈是非常重要的，这一点和从收到的反馈中获得的好处一样有价值。

展示你对反馈的回应

倾听反馈很重要，但展示出你根据反馈采取的行动能够进一步增强反馈的价值和力量。曾与我们合作过的某家公司有这样一个团队，他们在员工食堂里设置了一面展示墙。在墙面左侧写着"你的反馈"，列出了团队成员提出的各种建议和反馈；墙面中间写的是"我们正在做的"，下面是为解决反馈所采取的各种行动；墙面右侧则是"产生的影响"，展示了这些建议产生的影响。把反馈相关的信息放在这个显眼的位置，是在提醒公司里的每一个人，只有听取反馈建议、据此采取行动，才能构建持续学习、不断完善自我的环境。

问题与反思

你是否已经养成了花时间倾听别人建议的习惯？

您是否为团队中的所有人都提供了提出反馈的机会？

团队中的语言艺术

如果领导者能一直用"我们"开启谈话，将有助于减少个人主义，并推动团队内部的协作文化。巴西著名足球运动员贝利（Pelé）曾说过："没有人能独自赢下一场比赛。"协作文化能防止具有高度自我价值感的人为团队承担过多个人责任，同时也能让缺乏自信的人在作出贡献后得到更多鼓励。

加强团队文化重要性和价值的另一种方法是引用名言并对其作出肯定，以下示例可供参考。你可以将这些话钉在员工布告栏上，或附于电子邮件最后，以强化这样一个观念，即整个团队齐心协力要比分散的个人更强大，具有更高的工作效率。

"我们如何"与"我如何"的比例是团队发展的最佳指标。——刘易斯·B.埃尔根（Lewis B.Ergen）

单枪匹马，杯水车薪；同心一致，其利断金。——海伦·凯勒（Helen Keller）

不管一个人多么有才能，都比不上集体的才能。——佚名

一根筷子容易折，一把筷子难折断。——肯尼亚谚语

了解你在学习—绩效模型上的位置是达到准确自我认知的核心。只有这么做，你才能确保不会因为高估或低估自己的表现而阻碍了学习意愿。事实上，如果某个团队存在认知偏差或允许认知偏差产生，该团队就不可能具有高度开放的学习意愿，至少我们从来没有遇到过这种情况。

保持准确自我认知的行动计划
当你与其他团队成员一起建构 REFRESH 标杆时，开始行动/结束行动可能是什么？ 在确保团队中的自我反馈的准确性时，开始行动/结束行动可能是什么？ 要确保团队中的其他人能提供准确的反馈，开始行动/结束行动可能是什么？
开始行动
结束行动

第三部分

立：设计有效的学习方案

THE LEARNING IMPERATIVE

Raising performance in organisations by improving learning

在第一部分中，我们认识了学习的必要性，并强调不培养学习文化的后果。我们还介绍了学习—绩效模型，用来确定团队发展的起点；定义了学习的目标——一个愿意主动学习的高绩效团队。

在第二部分中，我们研究了在建立最佳团队学习文化中所需的主要元素：增强处事能力、建立关系型信任，以及保证准确的自我认知。我们探究了加强每个元素的具体策略。然而，这三个重要因素本身并不能保证有效学习和进步的发生。

因此，本书最后一部分的目的是帮助你设计有效的学习方案，使个人和团队朝着矩阵中的愿意学习/高绩效者象限迈进。这一部分的章节将通过一项我们称之为"反向计划"（planning backwards）的可靠流程，为设计高质量的学习方案提供分步指南。

无论是一个小时的培训活动还是持续数月的长期计划，都可以使用此流程来设计有效的学习方案。鉴于你的团队可能有各种不同的学习需求，我们将使用"学习项目"（learning programme）这一通用术语来指代所有常见的不同的正式学习方式，例如会议、研讨、在线学习、辅导和反复训练计划。我们还将使用"学习者"（learner）一词来指代那些参加学习项目的人。毕竟我们希望他们会成为这样的人。

我们将那些制定学习项目的人称为"设计者"（designer）。这个词包含了设计学习项目所需的技能水平，他们需要以此来满足学习者的学习需求。正如量身定制的西服才能够满足穿着者的需求一样，有效好记的学习方案需要和学习者有完美的匹配度，因此需要精心设计。我们还将介绍之前提出的策略工具如何确保认知能力、牢固的关系型信任和自我认知能够得到增强。

在本书这一部分的基础上，你还可以在附录二找到一个计划模板，用于帮助你设计学习项目。

第六章

反向计划

凯茜非常沮丧地结束了培训课程。她曾听说过很多关于新学习项目的事情，这让她在这一天开始的时候充满了期待。然而，这个项目令她大失所望——她耗费了一整天的时间来学习她已经知道的事情。回到办公室还有很多的事情要做，如果还有另一场像这样的课程，她可能会很想质疑培训的价值所在。

- 你是否曾经参与过令你一无所获的学习项目？
- 你是否渴望了解既能促进学习又提高绩效的学习项目的设计原则？
- 你是否想要设计出能够激励你的团队向模型中的愿意学习／高绩效者象限发展的学习项目？

此章节中包含了什么？

在过去的十年里，我们一直在设计针对成年人的学习项目：有些是只需花一个上午就能完成的短期课程，也有一些是持续一年的大型项目。其中的许多项目都是由我们自己运行或是由我们的培训师团队发起的。我们也会与各个公司的内部培训师合作，以提高他们自己的学习项目的质量。我们设计项目的核心便是"反向计划"原则——一个看似简单但功能强大的工具，可用于建立有效的学习方案。

在本章中,我们将介绍"反向计划"的进行流程,并提供将其用于设计学习项目的分步指南。通过确保学习项目的设计与你的团队的需求和起点高度契合,将避免许多低级错误,比如导致凯茜产生不愉快经历的那些问题。

"反向计划"是什么意思?

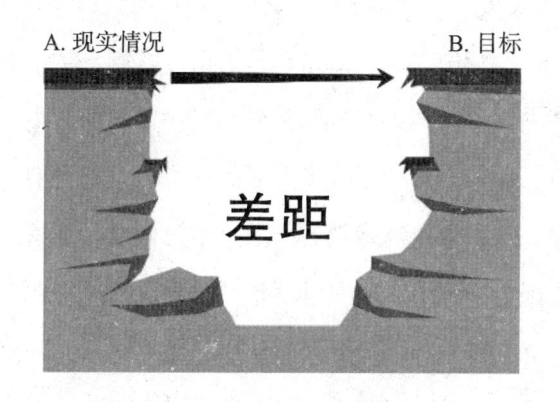

A. 现实情况　　　　B. 目标

差距

"反向计划"的执行要求你在流程开始时就在脑海中有清楚的学习目标。这个学习过程可以非常简单地表现为学习者的期望目标(KASH)与起始情况之间的差距。对设计学习计划并希望计划有较大影响力的人来说,他们的挑战在于缩小这个差距。

在制定学习项目的结构和内容之前,"反向计划"就要求采取一系列重要的步骤。这些步骤要求设计者首先规划好学习项目的预期结果。我们将在本章的后面部分对此进行更深入的探讨,但从本质上讲,它要求设计者能回答以下问题:该学习项目在知识、态度、技能和习惯上试图建立的确切目标分别是什么?

一旦确定好学习的目标,下一步就是确定参加该项目的学习者的 KASH

基础：他们已经掌握了 KASH 的哪些方面？

> 第一步
> 定义学习项目要实现的 KASH 目标。

> 第二步
> 确定学习者的 KASH 基础。

> 第三步
> 根据 KASH 基础和目标之间的差距来设计学习项目。

在第一步和第二步中收集的信息将帮助设计者调整学习项目的结构、进程和内容，以帮助学习者缩小 KASH 基础与目标之间的差距。尽管反向计划看起来平淡无奇，但我们看到过太多无效的学习项目，它们的问题就在于没有在第一步和第二步中调查清楚学习的关键信息。凯茜会遇到那样的糟糕经历，是因为对她来说，这个学习项目没有为她设计任何的进步空间。

在本章中，我们将对第一步和第二步进行深入讨论，而第三步将会是第七章和第八章的重点。第七章将介绍如何确保学习者与设计者对于 KASH 目标和如何达到目标有同样明确的了解。第八章将详细说明如何确保有好的机会来练习和掌握所获得的 KASH 成果。

第一步：定义 KASH 目标

"反向计划"的第一步要求设计者明确学习项目的理想成果。该学习项目究竟希望实现怎样的目标？从学习者 KASH 品质发展的角度来看，"完美"或"出色"应该是什么样的？有两项重要的原则是"反向计划"的基础。一是明确性，这点我们将在下面进行探讨。二是要通过了解学习者实际的起始情况，尽量避免任何假定成果的诱惑，这项原则会在第二步中涉及。

明确学习目标为什么如此重要？

如果不能认真明确地定下学习目标，参与者的学习热情和学习项目的有效性就会受到打击。正如我们在第二章中强调的那样，设计不当的学习项目不仅不会让学习者有所进步，甚至还会带来不利影响。

在学习目标模糊不清的情况下，出现认知超负荷的可能性更大。如果设计者不清楚具体的学习目标，学习者很可能会感到困惑和沮丧。此外，根据我们的经验，项目设计得不够清楚往往会导致实际内容过多。正如我们在第三章中提到的一样，过多的信息（尤其是在没有明确针对性的情况下）会增加学习者认知超载的风险。

> **案例分析：对幻灯片式学习的厌倦**
>
> 一个销售团队曾经参与过一系列学习目标不明确的项目，后来他们想找点乐子，使自己在项目中能有一些"参与性"。于是他们发明了一个游戏。每当他们要参加以播放幻灯片为主的培训课程时，就会玩这个游戏。他们管它叫"幻灯片大乐透"。在进入培训室之前，每个人都会对课程中将要展示的幻灯片页数进行预测。而预测数值和实际相差最多的那个人要给团队中的每一个人买咖啡！

当学习目标非常集中的时候，反馈马上就会变得很有效。例如，如果学习目标是要改进 KASH 的三个特定方面，这将自然为项目负责人提供准确的关注点，来对学习者的进步或退步提供具体的反馈。给练习和反馈留出时间是关键。

因此，如果没有足够的时间学习所有内容，我们强烈建议对项目进行缩减。

　　学习者学习最重要的动机之一就是成功的学习所带来的能力发展的成就感。当学习者逐渐接近学习阶段的尾声时，这一点会得到尤其明显的体现。因此，学习项目的设计者要在项目早期就为学习者提供能感受到能力增长的机会。在为学习者带来积极心态这方面，没有什么能像成功经验一样有用，对于那些多年来已经产生失败和自我怀疑的消极心理的人来说尤其如此。当学习项目中包含了切实可行的活动和明确的 KASH 目标时，学习者将有更大的可能认识到自己的能力发展。

　　在明确制定了学习目标后，在不必要的学习内容或过程上浪费宝贵时间的可能性就会大大下降。在学习进程的每一个阶段，设计者都应该问问自己：是不是学习项目的每个部分都能帮助学习者一步步地在最后实现知识、态度、技能和习惯上的目标？如果答案是肯定的，就继续这个进程。如果不是，就放弃它！从一个特定学习目标开始制订的"反向计划"可以避免学习项目中的无用内容，从而使追求 KASH 目标的时间得到最大化利用。

> **案例分析：提高教师素质的学习项目**
>
> 　　我们应邀与大型学校网络的学习项目设计者一同合作。尽管与会代表对项目给予了积极评价，他们仍然认为某些项目在提高教师素质上的作用并不大。在交流中，其中一位设计者灵光一现："我们想要帮助老师们加强他们的提问水平，但我们并没有给他们机会在课堂上'现场'练习这项技能，他们也无法收到即时反馈。"学习目标和学习项目之间需要建立这样的关键联系。有了这种联系，设计师才能在未来的学习规划上进行逐步改进。

对KASH目标的明确一定能帮助设计者构造出学习项目的理想结构和进行顺序。例如，如果学习项目旨在培养学习者的技能，那么项目结构中必须为学习者提供练习技能和获取反馈的机会。

通过从期望结果开始倒推的反向计划，设计者可以规划出项目最合理的顺序，从而使新知识能够以最具条理性和人性化的方式展现给学习者。设计者可以问问他们自己：学习过程的第一阶段是什么？接下来又将是什么？在以下的案例研究中，你会发现认清想达到的KASH目标确实有助于改善学习顺序的设计。

案例分析：重新组织学习方案

前一段时间，我们受邀帮助一家大型零售公司为他们的新员工重新设计学习项目。我们做的第一件事情是去了解他们正在进行的项目。这个项目包含了一系列的课程，每节课分别讲述如何销售一种特定的产品：鞋类、家居用品、女装，等等。令我们感到震惊的是，不同的课程之间有着大量的重复内容。每节课都将销售某类产品的过程视为其独有的。而当我们仔细分析这些课程时，我们发现虽然销售家具和鞋子之间确实存在一些小小的不同，但90%的销售过程都是完全一样的，与产品本身并没有关系。就目前看来，这个学习项目的进程对新员工来说实在是过于复杂了。

于是，我们建议他们重新设计学习项目，以帮助新员工更清楚每类产品的相似之处。事实上他们并不需要学习九个不同的销售过程，只要学习一个就足够，而不同的产品在销售时只需要在这个过程中分别加上特定的内容即可。学习项目随后进行了重新设计，在课程改动后，新员工要先进行通用销售流程的培训，之后则会有一系列的短期课程来对不同产品的特定部分作介绍。这种新流程减少了新员工的认知负担，并能帮助他们了解不同产品销售上的异同。它还减少了工作场所外的培训时间，从而使员工有更多的时间来面对真实客户，实地练习销售技巧。

设计者的行动要点

使用附录二中的计划模板来解决以下你在设计学习项目时可能会遇到的挑战：

你希望学习者在项目结束时获得哪些具体知识？

你希望学习者在项目结束时展现出怎样的态度（例如对在工作岗位上做出改变具有热情或作出承诺）？

你希望学习者在项目结束时获得哪些能力上的提高？

你希望学习者在项目结束时拥有哪些具体习惯？

从长远来看，对这些问题的认真思考将带来巨大的回报。这将使计划变得更容易，你也不会再设计出缺乏深思熟虑的培训项目。其中的关键是你要对以上问题作出翔实的回答。在开始设计之前，请检查你是否已经获得了关于 KASH 具体发展预期的准确信息。

这是我们最近设计的一项学习计划，KASH 目标非常明确：

学习者将要：

- 了解一些代表不愿意参加学习项目的主要原因。
- 增长知识，发展与代表建立个人和专业上的联系的技能。

第二步：确定学习者的 KASH 基础

在进行"反向计划"时，要记住的第二个关键原则是，不要对学习者已经知道什么或不知道什么进行假设。在本章开头讲述的故事中，凯茜会遇到那样的糟糕经历，主要是因为课程设计者主观上认为学习内容对所有参与者来说都是全新的。

而同样重要的是，设计者也不应高估学习者的基础。一旦发生这种情况，学习者将缺乏构建新学习项目的基础知识，难以理解很多学习内容。因为新的学习项目对他们来说认知复杂、难以掌握，他们会觉得跟不上进度。这就会轻易助长"学习太难"的消极思想。

我们给大家尤其是学习项目设计者的建议是，要小心"假设"这个东西。当我们认识到"进行假设"和"猜测"是同样的意思时，这种提醒立刻变得更明白了。如果你听到自己，或其他任何人说类似于"他们应该已经知道了某件事""他们应该从去年起就记得这一点"或者"我不认为他们之前接触过这个"这样的话，就应该敲响警钟了。

没有一个学习项目设计者会故意只凭推测来设计计划，但我们确实遇到过很多人会误将学习设计架构于假设上，结果给学习进程带来了负面影响。请一定不要这样做，请问问自己：我使用了哪些反馈来验证我所持的假设？他们是否准确？这与我们在第五章中探讨推论阶梯时所采用的方法没有太大的不同。

在设计有效的学习项目时，准确的预评估会带来非常多的好处，如：

可以用来衡量学习项目带来的影响力

当学习者的基础是认真评估而非随意假设的，衡量项目对KASH发展的影响力就会变得容易得多。反之，如果不进行预评估，学习项目的成功率常常有可能会被高估。当某个学习项目已经包含了学习者想要实现的一部分KASH目标时，这种情况就有可能发生。项目的课后评估会对学习有效性打出比实际更高的分。

可以实现学习项目的量身定做

有效的预评估有助于标记每位学习参与者的不同基础。这能方便设计者对项目的结构和内容进行调整，以满足学习者的不同需求，从而避免了将所有人一概而论的"放羊式"教学。例如，如果零售公司要重新设计入门培训，对新员工的预评估能了解到哪些人先前有过零售经验，以及销售过哪种类型的产品。这能使设计者开发的学习项目在已有KASH目标的情况下，通过这些信息快速追踪到每一个人。

在另外一些情况下，预评估可能会引导设计者从反向计划的第一步开始重新设计项目。有一种可能是，在预评估了学习者的基础能力后，设计者发现原先的学习目标太具挑战性，如果没有额外帮助将很难达成。还有一种情况则是，预评估发现学习者已经达到了该项目旨在发展的KASH目标，那么先前预设的学习目标将不会让他有任何进步。

帮助厘清一些错误想法和可能的困惑

预评估可以帮助设计者发现学习者对计划中的项目内容可能存有的误解或困惑。这对于项目设计者来说是不可或缺的信息。如果及时发现学习者的混乱和误解之处，就可以调整项目，在解决这些问题上安排更多的时间。如果没有学习者的评估反馈，这些误解可能会一直存在，阻碍他们的进步。

确立学习者的主动性水平

预评估的关键作用不仅在于了解学习者的知识、技能和习惯基础，当然还有他们对学习的态度。这对项目设计者来说同样是必不可少的信息。我们最近发现了这样一个例子，有一家公司想要改善其核心员工的工作能力，打算开展一个由学习者主导的项目。该项目先前在当地类似的公司里实现了很好的效果。然而，当他们考量了员工的态度后，发现公司里很少有能自发学习的人。几乎没有人能成功主导自己的学习进程。因此，他们调整了项目的设计，增强了项目的指导作用。

建立信心

预评估的最后一项好处是能够建立学习者对项目本身的信心。当设计者在项目开始前询问参与者："你已经能做到哪些事？""你希望在这个项目结束时能做到哪些事？"参与者能直接感受到他们在项目设计过程中的参与性。我们记得曾经与一群工作人员的一次交流。他们对最近参与的学习项目给予了很高的评价。其中一个他们感到很不错的部分在于这次学习完全是根据他们的需求制定的："当我们说需要更多时间学习某一部分内容时，他们（项目设计者）会听取我们的建议，将其纳入考虑范围。这会让我们觉得自己的意见受到了重视。"

确定学习者基础的策略和工具

如果学习项目要根据参与者的反馈来设计，而不是只凭假设和猜测，那么如何能够进行快速有效的预评估呢？在这一部分中，我们将介绍一些简单可靠的信息收集方法。

项目开始前的问卷调查

在项目开始前进行问卷调查，是让所有参与者完成预评估的有效方法。

一种做法是发起在线调查，以确定参与者对自己学习基础的认知和他们想要从项目中得到的收获。

调查问卷的具体内容要根据项目的不同发展目标而定。但总的来说，它可以集中于以下的一个或多个方面：

- 调查假定的知识、态度和能力基础是否准确。
- 寻找学习者对自己感到信心或能力缺乏的领域的反馈。
- 确认学习者需要增加/减少关注的学习部分。
- 发现学习者以前在该领域受到过的培训。
- 如果没有学习者的工作岗位/工作经历资料，要想办法补充。
- 询问他们对于该项目的展望和担心。

在某些情况下，比如当学习小组规模很小的时候，对参与者的预评估也可以以面对面会议的方式进行。这会有一些额外的优势，即创造了一个在设计者和学习者之间，以及学习者之间建立关系信任的机会。

项目进行时的需求分析

如果在项目开始之前无法进行预评估，那么退而求其次的办法是在课程刚开始时就与学习者进行全面的需求分析。这能使项目负责人有计划地对课程内容进行调整，使其更好地满足参与者的需求，这也有可能会减少学习者对于项目价值的质疑。

一些用于确定学习者基本情况的常用问题包括：

- 具体而言，你希望这个项目能为你带来怎样的不同结果？
- 对于你目前的工作岗位来说，你希望通过该项目发展的关键能力是什么？
- 你在该领域曾接受过哪些其他的培训？
- 你目前的职责是什么？你从事这项工作多久了？

- 你认为你在该领域中的优势是什么？还有哪些能力是可以提高的？

学习者处于学习—绩效模型中的哪个位置？

学习者在学习—绩效模型（见第二章）中所处的位置对预评估来说是一种重要的反馈资源。当你为不熟悉的学习者设计项目时，这个信息变得尤为关键。

作为项目设计者，以下是一些你能向团队负责人提出的常用问题，用于加深你对预评估结果的理解：

- 你会把团队中的每个人分别放在模型中的哪个位置？为什么？
- 有什么定性/定量的反馈资料能支持你的判断？
- 在过去两年中，有没有某个团队成员的位置在模型上有所移动？如果有的话，是什么原因？
- 对于每个团队成员来说，KASH 中的哪个方面阻碍了他们的绩效进步？
- 如果某个人处于横轴上"拒绝学习"的一端，是什么原因？

使用该模型来判断绩效不佳或不愿学习的原因（而非影响），确实能够帮助组织和团队负责人想清楚他们到底希望从学习项目中得到什么。

根据预评估调整学习内容

当学习者在预评估中尽力做出回答后，设计者如何使用整合这些反馈将变得至关重要。这会向学习者发出强有力的信息，即他们的反馈在构建项目设计中发挥了作用，使项目能够满足他们的特定需求。将预评估后的调整展现在项目介绍中是非常有用的，这既能成为设计者听取了学习者建议的证据，又能用于说明项目目标设定的原因。

要设计一个成功的学习项目，预评估过程中的所有反馈都有助于回答以下的关键问题：

- 学习者的基础与预期目标之间有多大的差距？
- 我们是否有足够的时间和其他相关的资源来消除这一差距？
- 如果学习项目能够成功消除这一差距，学习者的 KASH 会发生哪些具体变化？

关于反馈要注意的一点是，在预评估中收集的反馈资料无论多么详尽，都不能代表完整的实际情况。预评估提供了关于学习者基础的宝贵见解，但这些见解仅仅来自他们自己的认识和经验。设计者和培训者的职责是在设计中利用好这些参数，然后将其纳入课程中。

为了更好地说明这一点，我们可以举出已故的著名电台 DJ 约翰·皮尔（John Peel）的例子。约翰·皮尔在 BBC 广播 1 台的深夜节目里工作了超过三十年。他对推广新音乐具有无与伦比的热情。他采用了一种非常独特的方法：他不仅为听众播放他们想听的音乐，还会为听众带来他们并不知道自己会不会喜欢的音乐。换句话说，在人们听到某段音乐之前，他们并不会产生主动聆听或购买它的意愿。同样的道理也适用于学习和项目设计。组织、个人和团队可能会认为他们知道自己想要什么，但项目设计者和培训者的工作是提供他们想要的，以及他们可能还不知道自己需要的，从而使每个参与者都能够拥有最佳学习体验。

从一开始就获得学习者的支持

要使学习项目起到作用，一个基本出发点是学习者要愿意学习。如果预评估显示学习者并不愿意参与学习，项目设计者和课程负责人面临的选择只有两个：尝试对此作出改变，或不采取任何措施，自行承担后果。在这一部分中，我们将提出一些行之有效的策略，使学习项目得到更多参与者的支持。

塑造学习环境

留心关注学习环境可以在培养小组学习意愿上起到意想不到的积极作用。首先，要确保学习者的基本需求得到满足（饮食、环境温度、自然光源、合适的背景音乐、舒适的座位）。这体现了对学习参与者细致而又真挚的个人关心。其次，如果学习者之间以前从未见过面或一起工作过，请向他们致以热烈欢迎并作介绍。让学习者尽早发言总是有用的。当他们在小组中拥有发言权，被鼓励多说话，能使他们更积极地参与到学习中来。这些微小而明显的举动能够向学习者表明，他们是学习团体中重要的一部分。

现在请问问自己：

- 房间和布局是否适合学习？
- 环境是否舒适？
- 如何在学习环境中培养安全感和包容性？
- 如何构建一个真实的学习环境，使它既与忙碌的工作相关，又不受其干扰？

满足学习者的需求

在第四章中，我们介绍了根据学习者的性格特点来表达关心在建立关系型信任中的重要性。这些性格特点也会以不同方式影响他们学习的方法，也解释了他们为什么这么学习。

有些人会因为学习项目符合他们的需求而加入，所以要清楚展示学习项目与用户需求的相关性。进行需求分析和认真的预评估对于确保项目能够满足学习者需求来说至关重要。

还有一些人可能会受到人际关系的影响——他们要在项目中与负责人和同事进行密切合作。对这些人来说，用于建立相互关系的热烈欢迎和破冰活动是项目中举足轻重的部分，当学习者来自不同的团队或组织时，尤其如此。

对于另外一些人来说，参与学习项目是实现深度思考、认真反思和个人成长的好机会。他们可能会需要所有与关键学习内容相关的研究信息，以及足够的消化时间来思考和分析问题。

最后，可能还会有一些学习者是由于想获取互动、创新和创造的机会，而加入学习项目的。

因此，设计者和项目负责人在思考如何争取让学习者加入时，需要考虑到大家性格特质和学习偏好的不同，并对其作出整合。

签订明确的协议

项目协议是能使每个人都感到舒适的必要工具，从而能为彼此建立更强的关系信任。协议中需要指出每个人在项目中进行互动的方式。由此可以确保项目的保密性，给学习者带来安全感。这样他们就会更愿意大胆交流，并坦诚自己的弱点。他们会更愿意主动提出："你能再解释一遍吗？我没有听懂。"

几年前，我们合作的一个公司为他们的商店经理开设了发展规划课程，当时他们试图确保自己的员工愿意学习。这些经理每年会一起参与几次培训课程，探讨如何提高所管店铺的业绩。然而，由于他们认为自己提出的任何问题都会被反馈给上级领导，没有一个人承认自己负责的店铺有问题，他们更不会说自己给店铺造成了什么问题。结果这项培训对他们的发展没有起到任何明显作用。

这个问题的解决方法是起草一份保密协议，要求每个人来参加课程时签好字。协议内容大概是：我们在课程中公开的所有信息都可以共享，各位经理可以从中得到学习和进步。这些信息不会被用作任何的管理绩效考核。

在那之后的下一次培训课程中，各位经理就变得坦诚了许多。他们主动承认了在店铺管理中遇到的问题，其中许多问题来源于公司的系统和流程。他们对一个特定的流程问题进行了热烈讨论，提出了一系列改进建议，并纷纷表示应该将其上报给支持团队。其中一位经理表示："我以前来参加培训的时候常常觉得坐立不安，感觉好像只是虚度了一天。但现在，我无比期待这几天的学习，它的内容非常丰富。"

项目协议可以在建立项目负责人和参与者之间的信任方面发挥关键作用。它能详细说明双方的权利和责任，并为每个人建立一个安全的学习讨论环境。我们也认为，当参与者谈论不在场的其他人时，协议中应该鼓励无条件的尊重。

听取反馈意见并采取行动

正如我们在第四章中强调的那样，倾听反馈意见，并对此采取看得见的行动是建立信任的重要手段。有些人可能会仅仅因为没有感觉到项目负责人的重视而拒绝学习。以下是一些能使学习者感到"被重视"的方法：

• 在项目刚开始时就进行公共需求分析。这是用来证明参与者观点很重要的好方法。之后还要不断进行回访，与参与者一起讨论如何满足他们的这些需求，并做出演示。

• 如果学习者的突发奇想可能会打乱课程进度，或他们提出的疑问要在后面的课程中才能解答，请将这些问题列入课程展示板的问题清单中。这种公开的展示体现了这些观点的重要性，它们将在更合适的时间得到解决。

• 认真倾听学习者的想法，并记录要点。这样参与学习的每个人都能清楚了解其他人的发言内容。建立无条件尊重的模型。这包括了向主动坦诚自己弱点的学习者表达感谢，因为这也是对学习项目的一种贡献。

• 定期向学习者询问关于课程价值的反馈，这样任何关于课程的疑问和担心都能得到快速解决。

建立对话框架

有时候，学习项目无法顺利进行可能是因为学习者自身存在消极态度，以及过度关注问题和过错，而不是因为学习本身。当学习者存在封闭心态时，他们通常会将过去的失败归咎于别人,在这种情况下,他们很难通过学习取得新成就。使用一些类似于"控制点"(locus of control)的工具能够帮助他们建立学习的对话框架。下面的示例显示了培训者如何改变两个人消极的思维定式。

戴夫和伊恩是消极学习者的典型代表。他们的一些同事称他们为斯塔特勒(Statler)和华尔道夫(Waldorf)。这是电视剧《布偶秀》(The Muppet Show)中的两个老年人角色,他们总是坐在阳台上,对表演冷嘲热讽。戴夫和伊恩也一样。他们在上课时总是试图转移话题,不停地谈论公司的弊病、他们自己的工作负担,以及各个管理者的缺点。对于其他学习者来说,这会使课程的推进像是在泥泞中跋涉。

然而有一天,他们遇到了对手。一位外部课程负责人被邀请与戴夫、伊恩和他们的同事一起工作。这位负责人作了充分的课前预评估,计划好将课程设置中由问题和责任主导的话题转变为关于学习成果和可能性的讨论。她所做的仅仅是在课程展示板上画了两个同心圆,如下图所示:

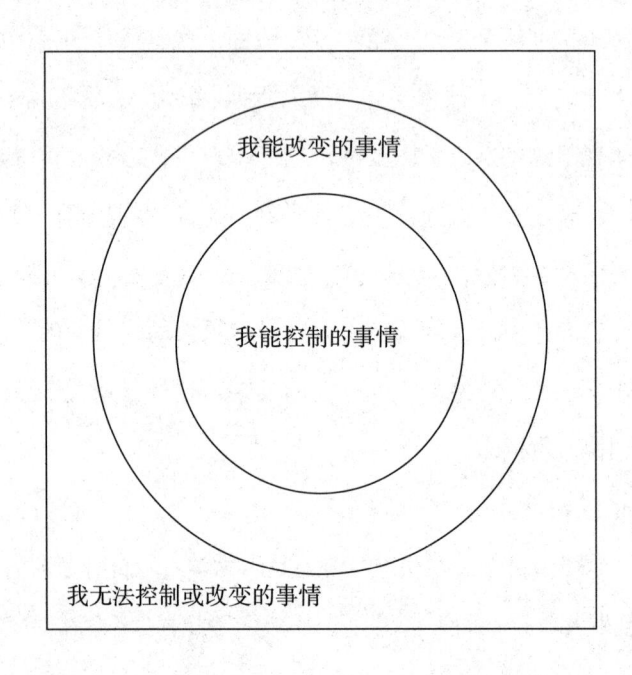

我能改变的事情

我能控制的事情

我无法控制或改变的事情

这两个圆圈分隔开了三个区域。内圈代表个人或团队可以控制好的事情，外圈代表他们能影响和改变的事情，而圈外的区域代表他们无法控制或改变的事情。

每当戴夫和伊恩开始喋喋不休地质疑，课程负责人就会问他们：这些问题应该归类到控制点中的哪个类别？他们自己能采取行动解决这些问题，或是对其施加影响吗？这些讨论使他们俩认识到，他们其实能在学习中得到比想象中更多的收获。同时他们也发现，关注问题的解决方法比只提出问题要有意义得多。

当然，如果学习者提出了他们无法掌控或改变的问题，负责人会反问道："如果你对此无能为力，让它顺其自然会不会是更好的选择？"有的时候，我们需要知道自己能控制和影响的局限在哪里，就能够找到解决问题的方法。

树立态度榜样

对课程负责人来说，要想获得学习者的支持，最能打动他们的方法是将自己树立成榜样，自己先展现出希望他们有的态度。我们建议你复习一下前文所提到的 REFRESH 学习模型，并问自己以下问题：

- 作为一位课程负责人，我要怎样建立学习者的学习韧性？（Resilience）
- 我如何证明自己在学习项目中纳入了探究性环节？（Enquiring）
- 我能通过哪些方式表明我非常重视学习者的反馈并对此付诸了行动？（Feedback）
- 我是否一直在改进项目？我要怎么利用好这个项目，以改善对他人学习的影响？（Revise）
- 我要怎么证明努力和开放是学习和个人成长的关键？（Effort）
- 在学习进程的哪一部分有机会展示共享与协作的力量？（Sharing）

- 当学习者将学习视为习惯时，我该如何建立学习的最具价值模式？（Habitual）

我们曾参与过的所有有效学习项目都具有一个共同点：它们都是以"反向计划"的模式设计的。这个模式将帮助你最大限度地提高学习对团队的影响力。只有当你不仅对学习者的 KASH 发展目标了如指掌，还对他们的基础情况也一清二楚时，你才能确保在自己负责的项目中，学习者期望的进步是可能实现的。

第七章
建立明确的共识

迈克尔惊讶地摇了摇头。他是某一团队的负责人，却在试图推动团队进步的过程中感到迷茫。他所做的一切似乎都没有什么用，于是在无计可施时请来了一位负责运行学习项目的外部人士。他惊讶地摇头是因为，他发现外部人士的新计划的内容看起来和他曾经开展过的项目并无二致，却为他的团队带来了截然不同的影响。"它确实变得不同了。"迈克尔说，"我发现这个培训课程会和我的员工们一起建立关于'追求卓越'的共识。我曾经以为有一些人是完全不愿意学习的，但这项新的学习计划甚至都对他们在工作中的交谈产生了一定的影响。"新项目会更有效的原因就在于，它将关键信息传达得无比明确。迈克尔得到的启示也在 20 世纪 80 年代女子组合香蕉女郎（Bananarama）的大热单曲中有所反映："你获得的成就不是来源于你做了什么，而是来自你做事的方式。"

迈克尔的经验表明，如果我们想克服学习障碍，就必须建立明确的共识。正如我们在本书第二部分中讨论的那样，明确的共识能够提供两个强大的支持。首先，它能让学习者清楚了解自己的现状和目标之间的差距，以及如何缩小这个差距，从而减轻他们的认知负担。明确的共识有助于减少在学习新知识、态度、技能和习惯时的不确定性，而不会让你感到不堪重负。其次，它增强了学习者与培训者之间的关系信任。如果项目负责人在开展新的学习项目时，能简明扼要地讲好它的内容和构建每一步的原因，他们其实是在积极地展示自己的能力。

- 你有没有参与过让你感到不堪重负的学习项目？
- 你是否很想知道，怎么才能通过构建更清楚可行的项目来吸引他人学习？
- 你是否正在为了和你负责的学习者建立明确共识，而寻找实用的工具和策略？

此章节中包含了什么？

在这一章中，我们将首先回顾之前对"明确共识"的定义和支撑这一定义的要素。然后，我们将介绍一个简单有效的三阶段模型，用于与学习者建立明确的共识。这个模型包含了反向计划的两个原则：信息明确的重要性和做假设的危险性。我们还将提供已验证可行的工具和策略，以确保你项目中的学习者能够因为明确的共识充分受益。这些工具和策略将有助于学习者在整个项目和每个单项课程中都能得到清晰明确的指引。

"明确的共识"是什么意思？

当项目负责人和学习者对于三个基本问题有共同的理解时，就会达成"明确的共识"。这三个问题就是：为什么、什么和怎么做。不同的学习者可能会根据他们在学习—绩效模型中绘制的起点，已经对这些问题作出了回答。但我们要确保他们的答案与我们的一样。这三个问题的奇妙之处在于，它们既能应用于整个学习项目，也会在每节单独的课程中起到作用。

为什么？（Why）

"为什么"是这三个问题中的第一个，也是最重要的问题。学习参与者总会在项目中问到或者考虑到许多"为什么"，它可能会延伸为以下几个问题：

- 为什么我需要这个？
- 为什么我要花时间优先解决这个问题？
- 为什么我需要提高自己的水平？
- 为什么我能从中获益？
- 为什么我在熟练掌握了现在的工作后还需要继续学习？

这些问题的答案能为学习者提供参与学习项目的吸引力和动力。它们也同样是项目开展的理由。当学习者质疑项目存在的必要性或原因时，这些问题的答案会是很好的解释。对"为什么"的强有力回答也会对那些不愿意学习的人产生深刻的积极影响。

什么？（What）

以"什么"开头的问题可以使学习者清楚地了解学习进程，以及预期的最终成果。它还提供了学习者在深入学习时所需的关键信息和知识，比如能帮助他们克服可能出现的困难和挑战的信息。对"什么"的疑问能帮助学习者在以下问题中找到答案：

- 项目的总体概况是什么样的？
- 我目前正在做的事情与这种新学习方法有什么区别？
- 我今天所学的内容和项目整体有什么联系？
- 这种变化背后的原因或支撑它的研究是什么？
- 新学习项目中有什么棘手的部分？

- 我要注意什么潜在的问题？
- 什么样的反馈会告诉我走对路了？
- 在学习流程中，有哪些必须遵循的思考步骤或者思考阶段？
- 我需要掌握哪些关键原则？

怎么做？（How）

如果"怎么做"这类的问题得不到回答，学习者可能会感到受挫。如果没有工具、策略和循序渐进的支持，他们在从自己的基础起始点达到预期目标时很容易陷入困境。关于"怎么做"的明确共识能帮你解决学习者心中的一些基本问题：

- 他们将如何应用其所学并获得反馈？
- 他们能使用哪些方法和策略？怎么使用？
- 他们将怎样开始学习？
- 他们怎样克服可能遇到的问题？
- 学习项目将怎么帮助他们获得进步？
- 他们可以从哪里获得进一步的帮助和指导？
- 他们怎么知道自己正在取得良好的进展，还是需要帮助？
- 学习进程中的哪些阶段有助于他们提高水平？

诚然，学习项目中一部分的参与者可能已经对"什么"和"为什么"的问题有了答案，但这些人往往处于学习—绩效模型中的愿意学习/高绩效者这一象限。对"什么""为什么"和"怎么做"达成明确的共识，能为所有学习者在项目中发展和提升自己的能力提供最大的机会。

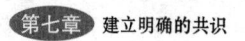

> **设计者的行动要点**
>
> 为了达成明确的共识,对于你正在负责的学习项目来说,以下三个问题的具体答案是什么?
>
> 为什么?
>
> 什么?
>
> 怎么做?

"我—我们—你"三阶段模型

在这一部分中,我们将探讨怎么才能确保项目负责人和学习者对"为什么、什么和怎么做"具有明确的共识。我们需要在此引入"我—我们—你"三阶段模型。这个三阶段模型提供了一种看似简单但非常有效的方法,用以确保在学习项目的任何环节,项目负责人和学习者之间都可以有明确的共识。

我 ➡ 我们 ➡ 你

这个模型开始于"我"的阶段,在这一阶段,项目负责人的角色是专业的讲解员或分析员。他们的职责是传达新学习项目的内容和其相关信息。其中包括学习者需要遵循的学习流程,最好的学习结果是什么样的,学习者需要运用的原则,以及该学习项目会给他们的生活和组织的成功带来的改变。

在"我们"阶段，项目负责人的角色变成了侦探或是评估者。他们寻求直接的反馈意见，确保在"我"阶段中提供的教学内容已按预期得到接受和理解。"我们"这个阶段有点像是交通信号灯中的"黄灯"，是一个"停一停再继续走"的准备阶段。如果学习者对基本问题的答案并不清楚，或仍然保留着错误的观念，项目负责人应该重新回到"我"阶段，对学习项目进行修改，或换一种方式再次对学习者进行项目解释。反之，如果学习者的反馈表明他们已经和你具有明确的共识，就可以进入下一阶段，在"你"阶段中开始实践练习。这就是为什么我们会将"我们"阶段视为模型中的一个"连接点"。

在"你"阶段，学习者会对新获得的 KASH 进行练习和应用，并有机会从项目负责人和学习同伴那里获得结构化的反馈。项目负责人在模型的这一阶段扮演教练的角色。至关重要的一点是，负责人只能将那些已经做好了准备的学习者带入"你"这一阶段。如果学习者还不具有对项目的明确概念，过早地进入了这一阶段，他们可能会以错误的方式开始练习技能，并在其中养成不好的习惯。此外，他们会收到大量的纠正性反馈，这可能会令一些学习者感到无所适从。因此，我们建议项目负责人在将学习者带入"你"这一阶段前，先争取让他们的学习接受率达到 80% 以上。

在某些学习项目中，"你"这一阶段并没有包含在设计中。在增长知识、态度、技能和习惯的过程中，这可能会极大地限制可持续学习的成功开展。

在本章中，我们将重点关注这一模型的前两个阶段。在第八章中，我们将对"你"这一阶段进行更详细的介绍。

学习的第一阶段："我"

在此阶段，项目负责人的职责是确保学习者得到了关于"为什么、什么和怎么做"的清楚解释。做事高效的项目负责人会让"解释"这件事变得毫不费力。他们不但可以条理清楚地传达好复杂的概念和想法，还会精心安排好项目的每个流程，帮助学习者了解整个项目的蓝图，以及每个单独的部分是如何组合在一起的。这样，学习者就不会感到有认知负担，而会在接下来的学习项目中有清晰的思路和充分的信心。最好的项目负责人会在项目的分析和计划上花大量心思和精力，来确保学习者理清思路、避免混淆。

为了保证在"我"这个阶段，学习者的认知负担不会过重，项目负责人需要认真计划好该项目的"整体情况"（大图景）和"具体内容"（小图景）。项目的"整体情况"着眼于对学习顺序和结构的概述，而"具体内容"聚焦于对新学习项目中每个独立要素的构建和简要说明。

项目"大图景"：采用房屋布局设计法

每当我们支持内部课程设计者的学习项目或是开展自己的培训时，不论是进行主题演讲还是长期项目，我们总是会从项目的"大图景"[1] 开始规划。"大图景"代表了我们正在试图纳入项目的 KASH 主要方面。

我们的目标是找到传达新信息的最合理的顺序。项目最好从哪里开始？一种规划全局的有用方法是将学习项目视作房屋平面布局。每一个房间就代表新学习的一个关键部分，他们需要逐一进行构建和说明。项目负责人要带

---

[1] 它也是我在撰写本书和编排顺序时用到的关键工具。

学习者参观这整座房子。通过将新的学习项目模拟成一系列的连续房间，学习者接收新内容的过程就会变得循序渐进，具有清晰的条理性。

请你想一想房产经纪人为潜在客户介绍房屋或者公寓的方式。问问你自己：哪一个房间是最适合作为开始的？怎样的房间介绍顺序能吸引到学习者的注意力，激发他们的学习兴趣？怎样的顺序能使他们对新学习有逻辑清楚的理解？

以下是一个房间布局的示例，展示的是长期领导力发展项目中的单次课程设计：

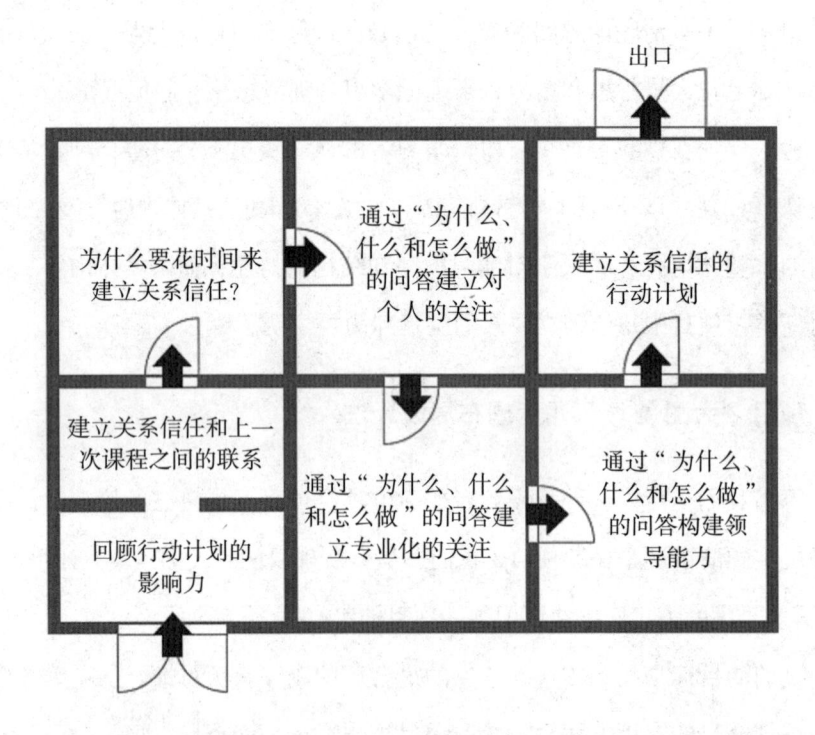

```
                                          出口
                                           ↑
┌──────────────┬──────────────┬──────────────┐
│              │  通过"为什么、│              │
│ 为什么要花时间来│  什么和怎么做"│ 建立关系信任的│
│ 建立关系信任？ →  的问答建立对 │   行动计划   │
│              │   个人的关注  │              │
│              │      ↓       │      ↑       │
├──────────────┼──────────────┼──────────────┤
│ 建立关系信任和上│              │ 通过"为什么、│
│ 一次课程之间的 │ 通过"为什么、什么│ 什么和怎么做"│
│     联系     │ 和怎么做"的问答建→ 的问答构建领 │
├──────────────┤ 立专业化的关注 │   导能力    │
│ 回顾行动计划的│              │              │
│    影响力    │              │              │
└──────────────┴──────────────┴──────────────┘
       ↑
```

该课程关注的重点是关系信任。在每个房间内，项目负责人都会聚焦于一个特定的原则。在课程开始时，学习小组将回顾他们在各自的行动计划上取得的进展以及迄今为止已经完成的学习。"复习房间"提供了这节课和之前课程之间的联系,也帮助学习者做好进入下一房间的准备。在这个房间里,学习者将关注到这节课的一个重点:为什么要花时间建立关系信任?

如果这个问题能得到满意的回答,学习者可能会有动力来继续参与这个学习项目。随后,他们要处理好"为什么、什么和怎么做"的问题,其中包含了对关系信任要素的解构,以及建立关系信任的工具和策略。最后一个房间是"行动计划室",学习者会在这里花时间思考和构建变革的行动计划。

很容易看出,项目设计者采用了房间布局设计法来对课程学习顺序进行有逻辑的、能激发学习兴趣的安排。在你利用房间布局设计法时,请记住要使房间的大小和你计划在该步骤上所花的时间成比例。分析项目进而创建布局的过程总是曲折的,经过反复的尝试才能成功。但是,花时间构建这样的计划确实能够帮助学习者避免认知超负荷。房屋布局设计法也同样适用于对多课程学习项目的规划。在这种情况下,每个房间所代表的就是整个项目中的每一个单项课程。

在每个单项课程开始和结束时与学习者共享"房屋布局"是一种非常有用的复习方法,这有助于学习者了解整个项目的"大图景"。

设计者的行动要点

为你正在进行的学习项目之一设计"房屋布局":

这些房间的最佳"游览"顺序是怎么样的?"游览者"应该先去哪里?从逻辑上看,接下来又应该到哪里?

在每个房间的"游览"中,是否都有足够的时间确保和学习者达成明确的共识?

"小图景"：新学习项目的构建和说明技巧

有些时候，"我们如何清楚地构建和说明学习项目？"可能是学习项目中会被忽视的一个方面。相反，项目设计者会把所有时间花在制作展示用的幻灯片，或是准备他们将要与学习者一起进行的活动上。在此，我们要郑重强调构建和说明新学习项目内容的重要性。相比于不擅长该技巧的人，在这方面做得很好的设计者会让新学习项目变得更容易被掌握，这样学习者就能获得更快的进步，尤其对那些工作表现不佳的人来说，进步更加明显。

接下来我们将介绍一系列可用的工具和策略，它们会帮助你在传达新学习内容时更加具有说服力。

将新的学习内容与已学的知识联系起来

在第六章中，我们强调了帮学习者准确判断自己的基础的重要性。这会为项目负责人在"我"阶段提供巨大的优势。通过了解学习者已经掌握的内容，项目负责人可以将这些旧知识作为连接新知识的"挂钩"。事实上，如果忽视了这些"挂钩"，学习者会很容易忘记新学的东西。

类比和比喻是帮助学习者使用现有知识理解新的学习内容的好方法。它们可以在不同的、看似无关的事物之间作出比较。你可能已经注意到，我们在本书中也经常会用到这两种方法，它们会帮助我们在进行一些繁重的工作时，始终保持思路清晰。在构建新学习项目的过程中，类比和隐喻的作用也是帮助学习者将新知识与已知的内容联系在一起。

"类比"指的是对两个不同事物的特征作比较，来发现两者的共同点。一位项目负责人因为没有花时间建立 KASH 目标，而在推动团队进步时遇到了重重困难。他在描述这段艰辛的过程时就用到了形象的类比："这就像是我一直试图以 90 公里/小时的速度驾驶一辆其实只能开一档的车。我虽然能艰难地前行，却无法控制好它，所以发动机很快就坏掉了。"

"比喻"的作用不仅仅是两个事物之间的简单比较。这种方法通过对两个不同的事物的比较加深我们对两者的理解。这种方法具有一个神奇的特点，能将某个概念的本质描述为一种其他的更容易理解的东西。

在前一段时间我们主持的一次培训课程中，学习参与者讨论了维克多·弗兰克尔（Viktor Frankl）的名言："人不是简单地活着，而是时时需要对自己的前途做出决定。"一位参与者使用了一个比喻来支持她对这句话的理解，这个比喻也同样让她的同事感到茅塞顿开。她说："想象一下，我正乘着救生筏在一望无际的大海上漂流。此时这句话会提醒我，你拥有着舵和帆。你可以利用它们改变航行路线，也可以选择什么都不做，漫无目的地漂流。"这个比喻能够帮助学习小组非常明白易懂地解读出原始话语的中心思想，然后他们就能够对自己是否在"决定自己的前途"上进行深入思考。

"比喻"也有非常好的视觉化应用。在我们最近参加的一场讲座中，演讲者举起了两杯黑加仑果汁。第一杯果汁是经过稀释的，第二杯则是浓缩果汁。她使用这种视觉上的隐喻来强调她的组织中客户服务质量的变化。这个信息由此得到了有效的传播，形成了很强的记忆点。

设计者 / 项目负责人的行动要点

你会怎么运用类比和比喻来清楚传达新的学习内容？

（你也可以在"我们"阶段使用比喻和类比。你可以要求学习者使用比喻对新学习内容进行描述，这会让你知道他们对新知识的理解是否正确。）

故事的力量

讲故事是另一种强大而"有黏性"的传播新知识的手段。为了强调这一点，我们可以来进行一下下面这个挑战。请你回答以下两个问题，它们曾出现在本书前面的内容中——请不要作弊！

1. 在第一章中，由于遇到质量问题，丰田不得不召回多少辆汽车？

2. 麦克阿瑟·惠勒（McArthur Wheeler）是谁，他做的事情为什么与本书内容相关？

第二个问题的答案可能要比第一个更容易回忆起来。[1] 它更容易被记得的原因就在于，惠勒的案例是以一个故事的形式呈现的。研究表明，人们讲故事和听故事的能力是生来就印刻在我们脑海里的。听故事是我们了解世界和储存信息的基本方式。此外，通过故事传递信息要比陈述事实来得更容易记忆。

在学习项目上，一个好故事能帮助学习者很好地找到"为什么、什么和怎么做"的答案。它能照亮指引学习者前行的正确道路，让前方的陷阱无所遁形。在理想情况下，故事甚至会让讲述者和学习者感同身受。

但是，需要注意的一点是，尽管与问题和陷阱相关的故事能为学习者带来警醒，太消极的故事也可能使他们产生过多的抑郁情绪！大多数人会倾向于在振奋和乐观之间取得积极平衡，而不是承受持续的悲观情绪。

如果你正在考虑在学习项目中加入故事环节，以下问题可能会为你带来一些帮助：

- 我想传达的主要信息是什么？
- 哪些故事能有效地传达这一信息，并能回答在寻求明确的共识时提出的"为什么、什么和怎么做"的问题？

---

[1] 丰田召回了166万辆汽车。惠勒则是一位拥有巨大认知偏差的银行劫匪。

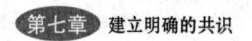

- 我的故事将怎样帮助我建立人际关系,并起到激励学习者的作用?

我们曾在一些培训项目中发现,故事在课程中占了太多比重,所以也请不要过度使用这个方法。在此,我们又要回顾一下反向计划的原则:如果故事与学习内容不明显相关,讲故事就会造成认知负担。在一次塞满了故事的课程结束后,一位学习者向我们反映,课程培训者的故事比比利·康诺利(Billy Connolly)[1]还多。这可能并不是学习课程想要给参与者带来的学习结果。

> **设计者 / 项目负责人的行动要点**
>
> 您会怎么运用故事来传达新的学习内容?

通过可视化工具消除神秘感

一些可视化工具能够有效帮助学习者了解学习项目的预期进程和结果,其中包括模型、视频、照片和图像等。它们在帮助学习者回答与"为什么"相关的问题时也能发挥关键作用,因为学习者可以通过可视化工具清楚地看到他们当前的 KASH 情况和期望 KASH 目标之间的差距。在启动学习项目的时候,将期望的学习结果进行可视化处理,从一开始就为学习者呈现项目的"大图景"(即"什么"问题的答案)。当学习者随后开始对项目"大图景"进行解构,他们也自然解决了"怎么做"的问题。举个例子,在一个旨在提高参与者计划能力的学习项目上,课程负责人从一开始就为学习者展示了优秀计划的示例。这使学习小组能够将"计划能力"进行解码,学习过程就由此变得更容易理解了。

---

[1] 译者注:比利·康诺利是英国著名的喜剧演员。

> **设计者／项目负责人的行动要点**
>
> 有哪些可视化的示例可用，或者你能创建怎样的可视化工具，使学习者对新的学习项目产生清晰的认知？

可视化的组织图

我们喜欢伦敦地铁线路图的简洁。众多的旅行者都会在旅途中参阅这份地图，尤其是那些对伦敦不甚熟悉的游客。这份地图能让他们知道自己在哪里、走了多远、已经经过了多少站，以及要在哪里换乘。地图展现了不同地铁站的连接方式，是可视化组织图的一个典型示例。

可视化的组织图具有许多不同的形式。它们的共同点在于，能帮助学习者轻松掌握新信息之间的相互关系。学习者能通过组织图看到信息是如何组合在一起的，而不会感到认知超负荷。我们的一位同事总结得很好，她将可视化组织图形容为"拼图盒子上的完整效果图"。"如果不参考效果图，我或许也能慢慢完成1000片的拼图。但有了完整效果图，拼图变得容易多了！"

下面的第一幅可视化组织图，帮助项目负责人清楚地展示了关系信任破裂的原因和结果之间的关系：

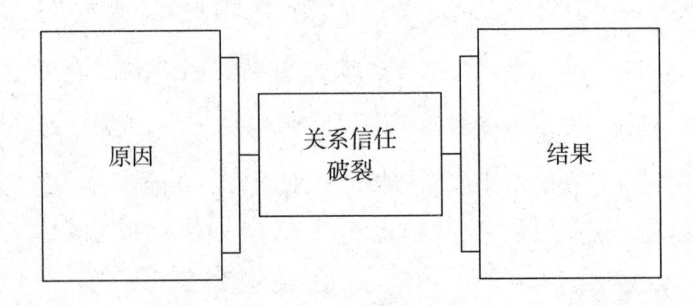

原因 — 关系信任破裂 — 结果

第二个可视化组织图是将一个学习过程分解成一系列可控步骤，这样学

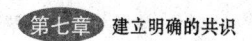

习者就能看到整个学习项目的基本结构：

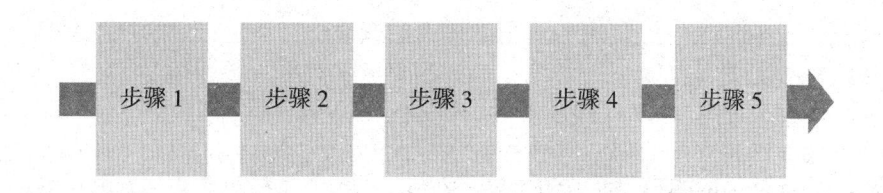

| 步骤 1 | 步骤 2 | 步骤 3 | 步骤 4 | 步骤 5 |

设计者 / 项目负责人的行动要点

你会使用哪一种可视化组织图，使新学习项目的结构更清晰？

为定期回顾留出时间

为学习者腾出回顾新学习内容的时间和空间，能够有效保持学习者思路清晰，防止认知超负荷发生。对于有多节课程的学习项目来说，在每节课开始时进行复习回顾是一个保证学习效果的关键策略。它给学习者提供了重温之前课程内容的时间。这就确保了最忙碌的人也能有时间稍作停留，巩固好他们的阶段性学习成果。同样它也能使学习者更好地做准备，将新的学习内容与他们以前所学的内容挂钩。

对于单独的课程来说，复习回顾同样有着巨大的价值。"复习"在这类课程中表现为思考关键点或新信息。以下几个问题将为学习者提供一些思考的时间，以巩固他们对新学习内容的了解：

- 这节课中学习的关键内容是什么？
- 你认为自己的工作职责和新学到的内容之间有怎样的联系？
- 你将如何继续进行新的学习？
- 你认为这个学习项目中的哪些部分最具挑战性？

- 为了取得进步，你需要作出哪些新尝试或者改正哪些旧习惯？

设计者 / 项目负责人的行动要点

你会将关键的复习点放在"房间布局"的哪个地方？（复习的频率取决于新学习项目的复杂程度和学习者对它的熟悉程度。）

学习的第二阶段："我们"

在建立明确共识的过程中，不能过分强调"我们"这一阶段的重要性。原因有二，其一，"我们"这一阶段的目的是让项目负责人获得学习参与者的反馈，以确保参与者清楚理解了"我"阶段的新学习内容。负责人必须寻求最有力的证据，证明他们已经和学习者达成了明确的共识。如果学习者还无法正确理解先前的学习内容，负责人就要先回到上一阶段，对参与者存在的不正确理解进行纠正。没有明确的共识，学习者将很难掌握关于"为什么、什么和怎么做"的问题的全部答案，这将对该项目的开展产生负面影响。

其二，"我们"这一阶段的目的在于为学习者创造机会，使他们能够对所学进行深入思考。为了使学习能够持续进行，学习者要形成对新技能和经验的长期记忆。在这个过程中，深入的思考和反思是非常关键的部分，因此你需要考虑到以下两个基本问题：

1. 我希望学习者从该计划中记住什么？

2. 我如何确保学习者有足够的时间认真思考问题1的答案（即他们需要记住的学习内容）？

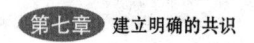

创造"证明"的机会

在"我们"这一阶段，一个非常有价值的策略是在整个课程的进行过程中不断创造"证明"的机会。通过让学习者展示自己对于新学习内容的理解，证明自己学到和学会这些内容了，整个学习进程将会变得顺畅。你可以参考之前设计的"房间布局"，安排"证明"任务出现的合适时机。有时候，学习者在向下一个房间移动时还无法证明自己"学会"了之前的全部内容，这正是我们不希望看到的情况！

"大图景"—"小图景"

要求学习者在他们新学到的东西（小图景）和他们之前学到的东西（大图景）之间建立起联系，就是一种"证明"手段。例如，某次课程中，学习者被要求将他们对关系信任的理解应用于"成为一位成功教练"的 KASH 目标上。

拆解疑问

另一个有用的"证明"工具是，要求学习者对新学习内容相关的疑问进行拆解。拆解疑问有三个步骤。首先是让学习者指出某特定问题发生的潜在原因。其次是要求他们描述该问题可能导致的影响。最后是让他们找到在一开始就能避免问题发生的办法。这种"证明"策略的价值在于，能够帮助学习者了解可能出现的潜在问题，以及如何先发制人地解决或避免这些问题。几年前我们曾参与过的一个"培训师训练"项目就用到了这一策略。项目主持人提出了以下几个问题："学习者在课程结束时仍然对所学感到迷茫。造成这个问题的原因可能是什么？你如何避免学习者在你的课后感到困惑？"

现实应用

该策略邀请学习者将他们新学到的内容应用到现实生活中。例如，在学习设计培训项目的过程中，参与者被要求将房间布局设计法应用到他们正在设计的培训项目中。对新工具的应用为参与者提供了证明他们理解正确的机会，必要时他们还能获得课程负责人对学习内容的额外传授。

用提问来激发深入思考

有效的提问是"我们"阶段的关键要素。这种提问通常会激发深入的思考和对话，还会暴露出潜在的错误理解和在概念上的混淆。巧妙的提问还能帮助学习者在新知识与他们已知的事物之间建立联系。

以下问题可以用于验证学习者对学习进程和结果是否有了清楚的了解：

- 解决此问题的关键步骤是什么？
- 我们需要在这一步仔细考虑哪些内容？
- ××× 是什么意思？
- 这与我们之前在谈论的内容有什么关系？
- 对这个问题我们已经知道哪些信息？
- 我们在什么时候能用到它，你能举一个例子吗？
- 你的意思是……还是……？
- 你能对此换一种表达方式吗？

以下问题能使学习者专注于对原因和结果的思考：

- × 事件发生的主要原因是什么？
- 如何避免/减轻/增强这些原因带来的影响？
- 这会有什么影响？
- 哪一种结果是在该情况下独有的？
- 如何避免/加强这种结果？
- 产生这些结果的可能影响因素是什么？

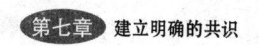

- 后面会发生什么？

以下问题用于了解学习者上面问题答案的原因：

- 我想知道你为什么说……
- 我们怎么知道这是正确/不正确的呢？
- 能与我分享你的思考过程吗？
- 还能从其他角度看待这个问题吗？
- 为什么会发生这种情况？
- 解决这个问题还有其他的办法吗？
- ……的优点和缺点分别是什么？

以下问题用于提示学习者采取行动：

- 对于今天学习的内容，你第一步将会采取什么行动？
- 你想要实现哪些关键的改变？
- 你面临着哪些选择？
- 你打算采用哪一种选择？
- 你将会在什么时间前达成目标？
- 在这个过程中你还需要怎样的支持？

设计者/项目负责人的行动要点

在"我们"阶段中，哪一种工具能够既用于引发深入思考，又作为学习者已经理解学习内容的证明？

在以上列出的问题中，哪些能帮助你了解学习者的学习情况？

让 KASH 目标成为有用的提问项

一些项目负责人能非常熟练地引导"我们"阶段顺利进行。当我们与他们合作时，会发现他们也培养和展现了自己的 KASH 的某些关键方面。确实，就我们的经验而言，"我们"阶段的有效开展与项目负责人的 KASH 息息相关。只有当他们自己拥有某些关键的 KASH 基础，才能为学习者创建一个能进行深度思考和交谈的可靠学习环境。项目负责人所需的关键 KASH 基础有：

- **知识**。项目负责人要对新学习项目中的复杂内容和潜在误区有清楚的了解。这样他们就能将学习交流集中在这些方面，以确保学习者能迅速掌握疑难点。

- **好奇心**。项目负责人最好能有与生俱来的好奇心。他们向学习者提问、与学习者多次交谈，是因为他们要努力找出已经学会了的人和还不太清楚明白的人。他们会倾向于进行深入提问，因为他们知道即使学习者回答正确，也不一定完全理解了学习的内容——学习者也有可能是猜对了答案，或者用错误的推理得出了正确的答案。经验老道的项目负责人会用这样的问题来检测学习者是否真正理解了学习内容："你是以什么思路得出这个答案的？"

- **人际交往能力**。项目负责人要建立一个具有隐私性的学习环境，以使学习者不怕出错，且能主动提出自己不确定的问题。这个安全环境会确保提问不会被视为一种威胁。毕竟，如果学习者因为怕犯错而不愿意回答问题，负责人就无法得知他们究竟有没有弄懂学习内容。

- **倾听和观察技巧**。项目负责人需要具有一定的敏感性，在学习者发言的时候停止输出，认真倾听他们给予的反馈。同时，他们也要能够观察到学习者对自己理解的知识进行的应用。一位项目负责人在看到自己引导讨论的录像回放后感到震惊："我一直在不停说话，不停打断学习者的回答，把他

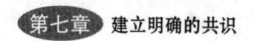

们说的话接到我自己的想法上来。我是唯一有机会验证他们是否理解了学习内容的人！但我现在完全不知道这一组的学习效果究竟如何。"

为进步做规划

"我们"阶段的最后一个要素是验证学习者已经做好准备运用他们新学到的东西。这可以通过对他们日常表现的观察来完成，也可以在"你"阶段中来完成。在"你"阶段中，"多做一点"的尝试和反馈会开始起作用，支持预期KASH的达成。我们会在第八章中对"你"阶段展开详细讨论。

我们非常希望在项目结束时，学习者能有足够的时间来规划他们如何在工作中运用新学到的东西。不要觉得新学到的东西会自动应用于工作中。不仅学习本身需要时间慢慢扎根，工作场所中的其他人也可能因为突然的变化感到威胁，对引入更有效的工作方式产生抵触，让他们适应变化也需要时间。

至关重要的一件事是，通过回答"为什么、什么和怎么做"问题达成明确共识后，要趁热打铁，及时提出切实可行的行动计划。这个计划要为学习者提供取得进步所需的每一个行动步骤。以下表格能为你提供帮助。它要求学习者计划好在开始和结束时要完成的行动，避免认知超负荷；它还将行动与学习者想要实现的目标联系起来，这有助于他们看到项目的"大图景"，对"为什么"相关的问题作出满意回答。

作为学习项目的结果	需要达成的目标	截止日期
我会从……开始		
我会在……结束		
我需要做更多的……		
我需要改正的有……		

在小组规模允许的情况下，给学习者时间互相分享各自的行动计划，这能帮助培养同伴责任感。为此，可以将较大的学习群组分成不同小组。共享能使学习者找到有相似行动计划的伙伴，从而为合作互助提供更多机会。

第八章

学习的最后阶段："你"

尝试"多做一点"

大概在二十年以前，我（马克）非常热衷于跑步，常常参加半程马拉松比赛。我将自己的热情完全投入在了跑得更快、创造更好的个人纪录上。然而，尽管训练越来越刻苦，我有时甚至会一天跑两次，一周跑80公里，我的跑步速度却不再有提高。这让我感到有些气馁。直到有一天，我与一位跑步爱好者有了一次偶然的交谈，他为我提供了一个转机，一个能让我的跑步能力进步的跳板。"我发现你最近好像没什么进步。"他说，"为什么不加入我们的俱乐部呢？我觉得我们能帮到你。"

他说的没错。在俱乐部的训练令我感到耳目一新——和我以前的自我练习相比，俱乐部拥有一套截然不同的训练体系和更有条理的训练方法。我以前的训练只是一个人出门，以稳定的速度在人行道上跑一个小时。但在俱乐部里有专用的跑道，我通常需要以最快的速度完成一系列两到三分钟的无氧短跑，然后进行短时间的慢跑来恢复身体机能。我在俱乐部里的训练也不是独自进行的。我要和许多人一起跑，其中大多数人的速度都比我快。这就给我带来了额外的挑战，要努力跟上其他人的步伐。俱乐部训练的最后一个要素是有资深教练的帮助。他会为每个跑步者提供广泛的指导，包括营养、机能恢复，以及一些虽然重要却不常被人注意到的方面，比如步幅大小和呼吸的方式。很快，我在俱乐部里完成了十二个月的训练，新的训练体系给我带来了丰厚的回报。在半程马拉松上，我的个人最好成绩足足提高了六分多钟！

这是"你"阶段的完美示例，达到了学习最有效的状态：跑步爱好者参加具有明确目标和挑战性的练习课程，并获得针对性的改进建议。这次学习之旅充分证明了老话"熟能生巧"并不完全正确。对实践的熟练必须在正确实践的基础上。只有通过周密的规划和行动，"你"这一阶段才能为你带来更有效的成果和更好的表现，学习者也会变得更有积极性。

- 你是否曾经尝试建立团队的 KASH 目标，却发现很难取得真正的进步？
- 你是否非常想要了解为学习者创建高影响力实践的最有效方法？
- 你是否正在寻找实用的方法，想确保在学习项目的"你"这一阶段中可以获得绩效的提升，并使之持续下去？

此章节中包含了什么？

在这一章中，我们会介绍在设计或引导学习项目中"你"这一阶段时所需的五个关键要素。我们将依次解释每个要素和它的重要性，并概述将这些要素融入学习项目中的可行策略。最后，我们将介绍有效引导这一阶段进行所需的 KASH。在读完本章后，你将会具备规划和引导有效实践的能力，这样你就能帮助学习者拓展他们的 KASH 水平，并使他们拥有继续学习的欲望。

第八章 学习的最后阶段:"你"

为什么"你"这一阶段如此重要?

对于不只是为了寻求知识面拓展的学习项目来说,"你"这一阶段显得尤其重要。在"我"和"我们"阶段中,学习者还学到了很多新的态度、技能和习惯,而"你"这个阶段能为他们提供树立新态度、练习新技能和养成新习惯的机会。的确,如果项目中没有包含"你"这一阶段,学习者将缺乏能直接在日常表现中获得进步的结构化机会。

如果没有机会练习,学习者也就没有了获得针对性反馈的宝贵机会。如果一个学习项目没有"你"这一阶段,就好像是学车时只看了教练驾驶和交通法规,就试图成为一名技术熟练的汽车驾驶员。"你"这个阶段能让学习者亲手掌握方向盘,这样他们就能在练习过程中收到教练的即时反馈。我们曾发现有许多优质有趣的学习项目并没有给学习者带来预料中的收获,这是因为设计者往往忽视了在学习项目中加入"你"这一阶段的重要性,导致学习者没有机会对他们学到的东西进行实践。

有五种要素可以最大限度地提高学习者的实践机会,使他们有更好的表现。它们还能防止超负荷运转、低关系信任和认知偏差(即我们在第二部分中介绍的学习障碍),增加学习者进行实践和获得成功的机会。这就像是烘焙一样,将所有原材料混合在一起,会对最终呈现的结果产生重大的影响。因此,我们强烈推荐在每节课结束的时候进行自我反思,以确保在你的学习项目中,所有要素都会在"你"阶段中出现。

1. 聚焦于细节

我们在第六章中详细介绍的"反向计划"原则也完全适用于在"你"阶段中"对某一个细节进行特别关注",其中尤其要强调的是,对期望的学习成果建立明确共识的重要性。学习设计者需要明确以下两个问题：我们在每个实践课程中到底要努力实现什么目标？在每项课程中，"成功"意味着什么？如果设计者对这些问题作出的回答模棱两可，或过于冗长，"你"这一阶段很可能不会起到什么效果。从以下的案例中，我们可以看到对教学者和学习者共同对某些细节关注会带来很大的好处。

这种对细节的关注在帮助迈克尔实现自我改善的过程中起到了关键作用，原因在于：

> ### 案例分析：关注深度对话
>
> 迈克尔希望能改善他主持团队会议的方式。他总觉得自己的表现不尽如人意。当他坐下来与指导老师一起思考如何更高效地主持会议时，他发现自己有太多需要改进的 KASH 要素，这让他感到不知所措。他的指导老师以学习项目设计者的身份提出了一个建议，让他只专注于一个要素的练习——他向别人提问的质量。通过聚焦于单一要素，迈克尔能够集中精力提高两个关键能力：首先，他要变得更具包容性，努力关注到内向的成员为团队所做的贡献；其次，他要提出更多开放性的问题，培养团队的深入思考能力。

- 迈克尔只在脑海中保留了两个问题，这样就能避免同时思考过多内容。这两个问题是：我提出的问题如何推动深入思考？（可见于前一章"用提问来激发深入思考"这一部分）谁的发言我没有听到？
- 迈克尔和他的指导老师只需关注于哪些练习起到了作用，以及哪些部分需要更多的练习。
- 迈克尔能清楚地看到学习的每个阶段是怎样组合成整个项目的。他和他的指导老师有着同样的想法，即在完成第一个目标之后再对第二个目标进行努力。

基于以上这些要点，迈克尔才能将有效的练习融入繁忙的日常工作中。

> 设计者 / 项目负责人的行动要点
>
> 在你目前负责的学习项目中，可以将精力集中于 KASH 的哪一个细节要素？

2. 挑战"多做一点"

从本章开头的故事中我们可以看到，设定适当的挑战标准也非常重要。通过统计大家的跑步经验，教练可以为一组水平相近的运动员设定同样的新目标。如果马克的训练小组中包含了国际健将，他可能很快就会失去动力，只能看着自己的同伴消失在远方。反之，如果他和其他跑得很慢的人分在了同一组，就没法挑战自我获得进步。缺乏挑战同样也会使人丧失动力。

当然，你的其他学习项目不太可能会在跑道上进行，但在实践中设定挑战目标同样非常重要。因此，我们提倡所谓的"多做一点"挑战。这将确保每个实践环节都能为学习者提供比现有水平"更厉害一点"的机会。这样他们的实践练习就既不会太简单，也不会太难，他们能在适合自己的挑战中深入思考自己练习到的东西。设定适当的挑战目标非常重要，因为学习者只有努力思考，才能真的学到东西，而"多做一点"的挑战确保了他们必须全神贯注，以实现细节化的目标。

挑战"多做一点"的另一个重要好处是，它能创造一个丰富的反馈环境，来帮助学习者提升。毕竟只有学习者在为掌握新事物而奋斗时，他们才需要获得反馈、进行反思。约翰尼是曾在几年前与我们共事过的一位同事。他在某次项目后的反思中指出了挑战的重要性，他坦言："学习项目最关键的部分就在于不断地超越自己的上限，挑战'多做一点'。要知道，无论成败，这种挑战都会带来丰富的学习经验。"约翰尼获得的感悟是，挑战能极大地丰富学习内容。后来他就非常喜欢进行反思，时不时和教练交谈，尤其是当实践中项目并没有按计划进行时更是如此。他发现当讨论聚焦于下次应该如何改进时，就会变得很有用。这个过程大大加速了他的学习进程，使他进步迅速。

为了了解学习者能达到的"多做一点"水平，指导老师或者教练需要明确以下三点：

（1）每位学习者的 KASH 基础。

（2）他们水平上限的"多一点点"在哪里。

（3）用于缩小（1）和（2）之间差距的改进建议。

正如我们在第六章中介绍的那样，因为整个学习项目旨在缩小学习者的基础与期望结果之间的差距，所以，对于每个学习者来说，在"你"这一阶段的个人实践都是在细节层面上进行的。

问题与反思

请回想一下你曾参加过的学习项目，学习者是否清楚"多做一点"挑战的概念？

就像在健身房锻炼的人要根据自己的身体状况来调整举重的重量或跑步机的速度一样，项目设计者也需要根据不同能力和发展水平的学习者来调整"你"这一阶段的设计。

> **设计者 / 项目负责人的行动要点**
>
> 　　你是否确定在你负责的学习项目中,学习者可以在"你"这一阶段进行"多做一点"的挑战?
>
> 　　在你负责的项目中,"多做一点"挑战是否是根据学习者的基础正确制定的?

3. 反复练习

　　定期的重复练习会比一次性的练习更有效,因此第三个关键要素是学习者要有多次练习的机会,不断尝试"多做一点",并获得相应的反馈。

　　如果学习项目只提供一次练习新技能的机会,学习者就会没有足够的时间来消化和巩固他们的学习内容。这会带来一些不良影响。首先,学习者可能会有一些失败经历,在项目结束时这会留下一些后患。如果他们在唯一的练习机会中遇到了挫折,那么当他们需要将新学到的东西应用到实际工作中时,可能会缺乏信心。

　　其次,那些在唯一的机会中得到了有效练习的人也有可能会产生一种错误的安全感。他们可能对自己是"怎么成功的"和"为什么会成功"没有清晰的认识,也有可能无法将自己学到的东西应用到其他情境中。这两种结果都说明,他们在练习中取得的成功可能只是侥幸。

　　提供多次练习机会来提升实践表现,能使学习者对获得成功所需的前提和条件进行有价值的持续思考和讨论。正如我们在第三章中提到的那样,这些讨论能够很好地达成"明确的共识"。

　　我们可以通过学习驾驶的过程来说明反复实践的作用。大多数的驾驶学员在课程结束后，处于一种无意识的"不会开车"状态。换句话说，他们并不知道他们自己其实还没有学会开车。毕竟对于驾驶新手来说，如果他们单看"老司机"开车，会觉得开车是一件很轻松的事情，直到他们自己坐上驾驶员的位置，拿到汽车钥匙，才发现完全不是那么回事。"反复练习"旨在为学习者提供一次又一次的实践机会，获得即时的反馈，最终达到无意识的"会开车"状态。当学习者达到这种无意识的能力掌握状态时，教练就完成了他的任务；学习者已经完成了所需的 KASH 目标，即达到了高水平状态。

| 无意识的"能力不足"状态 | → | 有意识的"能力不足"状态 | → | 有意识的"能力掌握"状态 | → | 无意识的"能力掌握"状态 |

设计者 / 项目负责人的行动要点

在设计"你"这一阶段的时候，你有没有为学习者提供练习实践和获得反馈的多次机会？

---

4. 能力提升反馈

在学习者实践的过程中，他们应该得到定期的关于能力提升的反馈——这种反馈能帮助他们从一个较低的表现水平提升到高一级的水平。这些反馈要具有一定的准确性和及时性。

准确性

很多年前，安迪得到了一位老师的忠告："如果你想知道怎么把某件事做得更好，去问已经成功的那些人吧。"这正是马克在尝试提高半程马拉松成绩时面临的难题。由于他常常只是一个人训练,他能得到的唯一反馈来自自己。他追赶的是自己的脚步。而优秀教练的作用是用更广泛的理论和经验,给予学习者准确的反馈。

学习者仅仅是完成"多做一点"的挑战往往还不足以达成最终的学习目标。他们还需要获得能力提升的反馈,根据反馈进一步提升 KASH 水平。虽然随着时间推移,他们将逐渐能够为自己提供这种反馈。但如果教练能提供帮助,对他们的进步进行指导,特别是能让他们掌握为自己提供准确反馈的能力,学习者将因此大大受益。我们仍然可以用学习驾驶的过程来做一个完美的类比:虽然学员能通过反复试错学会驾驶,但如果有教练在身边提供及时和专业的反馈,学车的过程将变得更快、更安全。教练要在每一个实践步骤中准确指出学习者需要作出的改变,帮助他们向更高的水平进步。

能力提升反馈的一个关键要素是,要着重于"反向计划"——从学习者的能力出发,让他们学会准确地自我反馈。如果教练能很好地教会他们这一能力,学习者之后就可以不再需要教练。但如果教练做不到这一点,学习者会始终依赖于其他人。教练的核心作用是为学习者建立自己解决问题的能力。

及时性

我们的一位客户在提供反馈建议上出现了一个严重的问题。在他所负责项目中,学习者确实有很多的练习机会,但他们常常需要等待一个多星期,才能获得关于自己表现的反馈。这种时间滞差意味着反馈的价值已经大大下降。当学习者终于有机会坐下来与他们的教练一起讨论时,很多人已经不记得练习中的细节了,因为从练习结束到获得反馈的时间里还发生了很多其他的事情。对于那些练习不顺利的学习者来说,这会使进步变得尤其困难。他们不得不在自己遇到的问题上干着急好几天,直到获得教练的指导。

因此，出于两方面考虑，我们强烈建议在练习一结束就尽快给出反馈。一方面，如果学习者能收到及时的反馈，他们就能将改进建议立即用于接下来的行动中。在某些情况下，教练还能够在训练中要求"暂停"或按下"暂停按钮"，以便给予学习者即时反馈。比方说，在一次训练课程中，教练让学习者停下来，环顾四周，看看是否遗漏了什么。学习者立刻注意到她忽视了过程中的一个关键阶段，随之马上进行了纠正。这就能使练习顺利进行下去。之后，教练与学习者的交流重点放在如何提供一个明显的提示，让她能在未来始终记得这一关键阶段。

另一方面，如果反馈能够及时给出，或至少能在训练结束后直接提供，教练也能将它运用于下一次训练中，进一步改进学习者的"多做一点"挑战。

总而言之，反馈是一种双向的交流。在最理想的情况下，它既能为学习者提供关于如何获得改善的信息，也能为教练提供学习者的进步信息，让他们知道下一步要怎么做才是合理有用的。

设计者 / 项目负责人的行动要点

学习者收到的反馈是否始终能为他们提供指导，帮助他们在现有表现上更进一步？

你是否能确保反馈及时，以指导学习者的进步？

5.REFRESH

当学习者和教练目标一致，都全心全意地致力于达成 REFRESH 的几项要点时，有效的练习将产生巨大的影响力。双方有必要从一开始就对此达成共识。

教练和学习者需要共同努力,来发现能使"你"阶段变得更有效的学习过程和练习方法。在以下 REFRESH 要点的基础上,我们为教练和学习者提供了一些需要仔细思考的问题,从总体和细节上来考量使"你"阶段能够成功推动学习者进步的方式和原因。其目的在于确保教练和学习者都能对他们已历经的每个学习阶段取得的进步作出评估,而不仅仅是关注最终的结果。

REFRESH 要点	教练需要思考的问题	学习者需要思考的问题
学习韧性 (Resilience)	• 学习者在哪里能有机会思考"从挫折中学习"和"未来的成功"之间的关系? • 我如何帮助学习者认识到韧性在克服障碍中的作用?	• 在整个项目进程中,我对自己的学习韧性产生了怎样的认知?
探究能力 (Enquiring)	• 我如何使用开放式问题来激发对学习者的表现进行更深刻的反思和分析? • 在实践阶段,我能通过哪些方式培养学习者的好奇心?	• 我接下来要进行的学习阶段是什么? • 我将来能在哪些情况中用到这种探究精神?
渴望反馈 (Feedback)	• 我要怎么构建友好、具体又有用的反馈?(详见第五章) • 我如何帮助学习者建立"对反馈采取行动"和"后续进步"之间的联系? • 在学习者收到我的反馈后,我要如何从学习者那里获取关于反馈质量的评价?	• 我收到的反馈有什么帮助? • 我收到的反馈中有没有哪一点是对我没有帮助的? • 我在哪里可以找到可以借鉴的高质量反馈建议?
反省改变 (Revising)	• 通过反省改变取得进步的方式有哪些? • 我要如何鼓励更具开放性的变化? • 我要怎样鼓励学习者更具冒险精神,以培养积极的心态?	• 我的哪些关键变化帮助我提高了自己的表现? • 在整个项目进程中,我的想法有什么变化?
刻苦努力 (Effortful)	• 我该如何肯定为有效实践所做的努力的价值? • 我要怎么做才能认识到每个学习者为了进步在实践中做出的努力?	• 哪些方面需要我集中更多精力进行改善?

续表

REFRESH 要点	教练需要思考的问题	学习者需要思考的问题
愿意共享（Sharing）	• 在实践中，如何确保各自的想法和对进步的理解都能得到双向的共享？ • 我如何为参与项目的学习者策划有效的合作？	• 我从参加该项目的其他人那里学到了什么？ • 未来还有其他的合作机会吗？
行为习惯（Habitual）	• 我如何培养学习者形成一种认识——练习应该成为提高绩效表现的习惯性活动？ • 我如何确保"你"这一阶段彰显了通过改变习惯来获得持续进步的重要性？	• 我要怎么保持住我所获得的进步，使它们成为一种长期坚持的习惯？ • 哪些习惯是最难改变的？为什么？

REFRESH 模型不仅能作为"你"这一阶段的重要支撑，还能让学习者对学习效果有更多的期待，甚至超过之前在"反向计划"中的预期。在理想情况下，我们希望那些最不愿学习的人也能在精心设计的学习项目中亲身感受到自己能力和信心的提升，从而产生对学习的热情。

让"你"这一阶段更有效的 KASH 因素

在一个成功的"你"阶段中，最后的必需要素是教练，他们需要将之前提到的所有要素整合在一起。

在过去的八年里，我们有幸与很多教练一同合作过。我们关注了他们在"你"阶段为帮助他人进步提供的持续支持，在其中发现了所需的 KASH 中最重要的一些内容。教练的 KASH 表现将极大地影响学习者进步的速度，从而影响到他们坚持练习的积极性。在这一部分中，我们将列出 KASH 的这些关键方面。

知识（Knowledge）

在一些公司组织中，存在一种错误的范式。他们会仅仅因为某个人在日常工作中有着较高的绩效水平，而选择这个人来为其他人做工作指导。但事实上，高水平指导员所需的KASH与其他职位所需的KASH完全不同。

专业的教练或指导员必须具备两种能力：一要会解构在特定领域中有出色表现的人的KASH，二要将这些KASH分解为其他人能够学习的一系列步骤。对于那些仅仅因为在自己的领域中表现出色而被选为指导员的人来说，这种分解可能会有些困难，因为他们可能会太沉浸于自己的工作而无法从客观角度分析问题。他们可能甚至不太清楚自己为什么能有出色的表现，因为很多工作已经久而久之成为无意识的习惯。正如我们在第二章中介绍的，有很多代表出色表现的东西是不那么一目了然的，因此，高水平的教练需要有这样一种能力，对看不见的东西进行分析和拆解，使他们变得清晰可见。

高水平的教练还需要对学习过程有深刻的理解，以便与学习者建立牢固的关系信任；同时，他们也要了解与学习者合作的最佳方式，在整个学习过程中更好地支持学习者的发展。

态度（Attitudes）

高水平的教练往往会坚信，无论一个人的基础如何，只要经过有效的实践，都能表现得更好。这和"每个人都能有世界一流水平"的幻想不一样，这些教练为学习者培养的是一种学习态度，即专注于超越他们现有的最好水平，换句话说，就是成为更好的自己。相比于和他人竞争，与"过去的自己"竞争会在心理上更具优势。

当教练相信"所有人都能获得进步"，却发现正在进行的练习并不能帮学习者改善的时候，他们就会时常对自己进行反思，想想自己在推动学习者进步的过程中做了什么，如何对练习方法进行改良。对于教练来说，虽然遇到问题袖手旁观，将进步缓慢的责任推给学习者要容易得多，但他们应该做的是在学习上更加有韧性，养成对问题不断探究的态度。

我们认识的一位教练就是一个具有极好"探究能力"的典范。在每个学习项目结束的时候，她都会问自己三个问题：通过该项目，我是否了解到了培养怎样的 KASH 能使学习者有出色表现？在项目进行中，我对学习者有怎样的了解？学习者从该计划中学到了什么？她希望自己不仅能对最后一个问题有答案，还能对所有问题都作出满意的回答。毕竟，她正在构建 REFRESH 模型，而她本人在这个过程中，也同样是一名学习者。

教练的最后一个理想态度是，他们要争取在项目结束前，让自己不再成为学习者的依赖对象。这是因为，当教练成功帮学习者具备了让他们始终保持高水平的 KASH 素质，学习者就不再需要多余的指导了。

技能（Skills）

在"你"这一阶段，支持学习者进步的两个关键技能是提出具体问题和认真倾听。

在实践前后能够提出合适的问题，对促进学习者深入思考具有重要影响。

在学习者实践前可以提出的问题包括：

- 你现在有什么选择？

- 每个选项的优缺点分别是什么？

- 你更倾向于哪个选择？

- 该选项为什么是你的最佳选择？

- 对这个问题还有其他角度来考虑吗？

- 你会为了进步做出哪些关键的改变？

在实践结束后可以提出的反思问题包括：

- 有哪些方面起到了 / 没有起到作用？

- 产生这种结果的原因是什么？
- 你从实践中学到了什么？
- 最理想的实践结果是什么？
- 接下来你需要做什么？
- 你打算什么时候进行下一步？

要回答这些问题，学习者就要更深入地分析他们运用到的思考过程，并继续考虑其他的改进方法。

教练能从有用的问题和认真的倾听中获取有价值的反馈，知道哪些内容学习者已经理解了，在哪些方面还要为学习者提供进一步指导。正如我们在前文提到的那样，教练的最终目标是培养学习者自主学习的能力。只有当教练拥有提出好问题和认真听取答案的能力，他们才能知道学习者离实现自主学习的目标还有多远。

习惯（Habits）

我们很明显地注意到，曾与我们合作过的教练们通常有一个习惯，他们会让学习者明白学习能带来更多的可能性和提升未来的潜力，对此做出持续的肯定，坚定学习者的信心。这不仅体现在他们对上述知识、态度和技能的日常应用上，体现在他们与学习者的相处中，还体现在他们深入进行自我学习的努力上。因此，他们能在工作中保持谦恭，充满热情，使其他人也能充分参与到学习中来。

学习永远不会太晚

在引导学习项目的所有步骤中，"你"这一阶段可能是在认知上最具挑战性的，也是会带来最多收获的。支持他人的学习和发展是一种莫大的荣誉。

对于学习项目负责人来说，在学习中建立互相信任、帮助学习者提高技能，甚至克服心理障碍，都能使学习的旅程充满价值。当进入职业生涯下一阶段时，在学习者的眼中和行动中看到满满的信心，没有什么比这更能让带来这一切的教练感到自我价值和成就感的了。

在差不多十年前，曾与我们共事过的一位学习者就是产生信心转变的典型代表。当时，我们曾要求她谈一谈我们的项目给她的表现带来了什么影响。她说，尽管该项目给她带来了很多的焦虑感，但她确实受益匪浅。我们听到这个回答后，对她所说的"焦虑感"感到十分惊讶，因为整个项目进行的过程中，她始终充满了兴趣并热情参与其中。随后，她向我们解释了焦虑的原因。事实上，她在项目开始之前对自己的工作感到十分不满，刚刚提出了提前退休申请。但随着学习项目的展开，她发现自己似乎重新找回了对工作的热爱和工作的价值，意识到自己其实还能做出很多贡献。在这种想法产生的第二天，她就开始迫不及待地寻找能发挥自己价值的岗位空缺。可以说，她是从个人层面上体验到了学习的价值和必要性。

The Learning Imperative 结论

我们写这本书的目的是给领导者提供实用的指南，通过有效的学习方案来提高员工的绩效水平。可能，现在你的问题就是：下一步应该怎么做呢？

你已经清楚地知道与我们合作或我们采访过的许多领导者得到了多大的收获。他们讲述了自己经历的一些故事，谈到本来身心俱疲的团队成员重新发现了对学习和个人发展的激情。如今，由于害怕失败而对尝试新想法感到忧虑的人们欣然接受了一种更具探究性和动态性的方法。那些从未想过自己会成为高绩效者的团队成员也因为他们获取新技能和工作信心的潜能而感到了惊讶。领导者自己则在他们的学习和自我意识上取得了重大突破。

尽管每个领导者的故事都不一样，但他们的讲述始终贯穿着一个共同的主题：自我和他人的潜力。学习为每个人和他们的团队都提供了拥有一个更好未来的可能性，这包括了个人和职业成长的可能性，具有更大工作乐趣和工作动机的可能性，以及能力增强的可能性。具有高影响力的学习方案能为你带来怎样的可能性呢？

当然，我们说这些并不意味着建立一支高效的学习团队是一件容易的事，没有任何风险。在阅读本书的过程中，你可能会想到以下一些问题：

- 如果在我的团队中建立关系信任过于困难该怎么办？
- 直言不讳有哪些潜在风险？

- 如果调查获得的绝大部分反馈是负面的，该怎么办？
- 当我让大家在会议中畅所欲言时，出现负面言论我该如何处理？

这些阐述本书中关于学习的关键信息的问题，并不只是我们负责的团队所独有的。如果我们能充分发挥高影响力的学习带来的潜力和可能性，我们将很好地解决和克服在自己的职业生活中不可避免会出现的各种疑虑。

如果我们希望自己的团队能变得愿意学习，就必须先以身作则，树立开放学习的榜样。在本书中提到的REFRESH品质特性对领导者和整个团队都一样适用。在我们未来会面临的挑战中，我们必须具有学习韧性、刻苦努力、渴望反馈的品质，拥有反省改变、探究质询的机会，以及每天进行分享的习惯，这样才能建立本书所寻求的"有影响力的学习文化"。因此，《认知本性》这本书中关于如何为团队设计有效学习方案的内容也同样适用于我们自己。

附录一　反馈调查

请按以下递进选项对问题 1—22 作出回答：非常同意、同意、不同意、非常不同意。如果你是团队中刚加入的新成员，也可以回答"不知道"。

1. 在我们团队中，大家对于要遵循的工作规范流程和优秀的绩效表现有着明确的共识。

2. 工作负担是我们团队建立明确共识的主要障碍。

3. 我们的团队工作效率低下，这使改善我们的工作变得困难。

4. 我们有足够多的机会讨论团队如何确定和执行需要提高的领域。

5. 我们团队中对于绩效表现的期望是清楚明确的。

6. 来自同事的反馈有助于缩小绩效差距。

7. 我们能有效地安排时间，优先处理所有重要事务。

8. 我们团队中存在高质量交流，它能帮助我们在工作中建立一种更深层的"共享语言"。

问题 1—8 试图在以下方面寻求反馈：

• 团队中超负荷运转的程度；

• 团队共识的明确程度；

• 低效率和时间不足是否阻碍了工作进步；

• 团队中的谈话是否有助于达成共识；

• 反馈是否有用，是否能一目了然地帮助他人改善自己的工作水平。

9. 团队中的高绩效者会得到认可。

10. 我相信我们团队中有着强有力的关系信任。

11. 通过与别人的专业对话，我能对自己提出更大的挑战。

12. 在专业对话中，同事们会向我提出建设性的意见。

13. 我们的团队交流总会为倾听其他人的发言留出时间。

14. 我们团队有一种真诚和坦率的文化。

15. 同事们在团队中能体会到被重视和被尊重。

16. 我们的团队会对问题和挫折进行公开和共享。

问题9—16试图在以下方面寻求反馈：

• 团队中的信任程度；

• 团队中真诚和坦率的程度；

• 团队中同事感觉到被重视和被尊重的程度。

17. 我们的团队中有着开放的问责文化。

18. 通过和预期水平进行比较，同事们能清楚知道他们自己的绩效水平。

19. 我们的团队始终愿意学习，想要提高我们的工作表现。

20. 我们有足够的机会向同事以及其他团队学习，从而提高自己的绩效表现。

21. 我们的团队在解决问题时不会犯"过度假设"的错误。

22. 在我们的团队犯错时，有一种将责任归咎于外部因素的倾向。

问题17—22试图在以下方面寻求反馈：

• 有关于工作进步的开放性对话的水平；

• 团队对于错误和挫折的真诚和坦率程度；

• 接纳问责的开放程度；

- 同事是否有机会发现对于自己绩效表现的认知偏差；
- 团队是否愿意学习。

23. 我认为能帮助我们团队更加愿意学习的三个最重要的改变是：

_____

_____

_____

附录二　学习项目计划表

差距 学习目标 该学习项目将培养学习者 KASH 的哪些具体方面？ K： A： S： H： 学习起点 如何建立学习者的起点？	学习的第一阶段："我" 如何与学习者建立明确的共识？ 为什么？ 什么？ 怎么做？	学习的第二阶段："我们" 学习者将如何证明他们已准备好采用新学到的东西？ 学习的第三阶段："你" 如何为学习者提供支持，来让他们将 KASH 中某方面的进步有效应用到工作职责中？

致　谢

马克·伯恩斯：衷心感谢我的妻子克丽（Kerry）在本书的规划和撰写过程中所给予的无尽耐心和支持。感谢格雷西（Gracie）和鲁比（Ruby）的有趣干扰。也要感谢无数热情的、致力于发展学习组织的人，感谢他们愿意慷慨地抽出时间来交流想法。还要特别感谢斯图尔特（Stuart）、詹姆斯（James）、托比（Toby）、马特（Matt）、玛丽（Marie）、罗布（Rob）、伯尼（Bernie）、安妮（Annie）、肖恩（Sean）、凯瑟琳（Catherine）、迈克尔（Michael）、罗伊（Roy）和我的妹妹萨拉（Sarah）。感谢尼克（Nick）提供了许多宝贵的反馈建议。最后，感谢我的父母多年来为我所做的一切。

安迪·格里菲斯：感谢支持我的研究、为我提供建议和学习机会的人和他们所在的组织，感谢安迪·奥布赖恩（Andy O'Brien）、卡雷尔·巴克斯顿（Carel Buxton）、卡罗琳·萨克斯比（Caroline Saxelby）、马克·内文（Mark Nevin）、肖恩·库西恩（Sean Cushion）、托尼·麦吉尼斯（Tony McGuinness）、文森特·夏恩利（Vincent Charnley）、约翰·贝克（John Baker）、萨曼莎·麦奎兰（Samantha McQuillan）、保罗·马修斯（Paul Matthews）、彼得·海曼（Peter Hyman）和伊恩·克拉克（Ian Clarke）。感谢我的家人克莱尔（Clair）、乔（Joe）和安娜（Anna）的鼓励。